**서포터의 탄생:
1990~2005**

# 서포터의 탄생
## 1990~2005

PC통신 축구동호회에서
시작된 K리그 응원 문화

이연주 지음
**Minority Press**

일러두기
1. 『서포터의 탄생: 1990~2005』는 2006년 서울대학교 대학원에서 발행된 학위논문 「프로축구 서포터즈 정체성 형성과정」을 재편집한 것이다.
2. 본문 중에 나오는 인용문은 학위논문의 것을 그대로 따르되, 문장이 매끄러울 수 있도록 약간의 수정을 가했다.
3. 저자의 인터뷰 인용문, 「서포터 용어 및 개념의 확산 과정」과 「서포터 조직의 분화 및 확장 과정」에 등장하는 몇몇 인물의 이름은 가명으로 대체했다. 이 인물은 저자가 학위논문을 작성할 당시 '연구 참여자'로 정보를 준 사람들이다.
4. 본문 중에서 서포터(Supporter)의 복수형은 서포터'즈'로 표기했다. '참고 문헌'의 논문 등 제목이 서포터'스'일 땐, 원제목 그대로 두었다.

# 차례

## 프롤로그
서포터즈란?     **8**
서포터즈의 응원 방식     **10**
응원 도구의 종류     **12**

## 시대 배경
1 1990년대 초 PC통신     **19**
2 한국 축구계     **27**
3 언론     **35**
4 관람 문화     **37**

## 서포터 용어 및 개념의 확산 과정
1 서포터즈의 개념     **45**
2 서포터즈 비교 개념     **48**
3 서포터 용어 발견 및 개념 형성기     **50**

## 서포터 조직의 분화 및 확장 과정
1 하이텔 축구동호회의 시작     **63**
2 초기의 구단 팬클럽     **65**
3 서포터즈 조직의 탄생     **68**
4 '붉은악마'의 탄생     **72**

5 구단 서포터즈의 분화 **76**
6 사진으로 보는 서포터 역사 **80**
7 선수 팬클럽 **97**

### 서포터즈 정체성 형성 과정
1 공동의 목표 확인 **101**
2 축구계 문제 제기와 논리 구성 **105**
3 대외 활동의 시작 **111**
4 서포터즈 폭력 문제 **118**

### 에필로그
지금, 서포터 문화는 어떠한가—김성진 **122**
참고 문헌 **125**

# 프롤로그

## 서포터즈란?

축구 서포터즈는 특정한 축구팀을 응원하는 집단을 의미한다. 보통 '응원단'으로 번역할 수도 있지만, 국내에서 서포터즈가 등장하기 이전에 있었던 수동적 의미에서의 응원단과 구별하기 위해 여기서는 '서포터즈'와 '응원단'을 나누어 사용할 것이다. 모든 관중이 응원에 적극 참여하는 유럽이나 남미의 경우는 관중 대부분이 서포터즈이기 때문에 경기장에 찾아오는 집단을 세분화하고 구분하는 것이 무의미하다. 그렇지만 우리나라는 '서포터즈'와 '일반 관중'의 차이가 확연히 드러날 뿐만 아니라 그 수도 일반 관중이 더 많아, 따로 구분하는 것이 바람직하다. 따라서 국내 상황에 맞게, 특정 팀을 지지할 목적으로 응원에 참여하는 사람들이나 집단을 '서포터즈'로 정의할 수 있다.

우선 서포터즈의 기원에 대해 알아보자. 유럽 서포터즈 문화는 1950년대 구(舊)유고연방에서 시작된 것으로 알려졌다. 일반적으로 받아들여지는 기원은 크로아티아의 하이두크 스플리트(Hajduk Split)의 서포터즈 '토르치다(Torcida)'이다. 이후 이들의 응원 방식이 이탈리아로 넘어가면서 유럽 전역으로 확대되었고, 국가마다 자국의 민족과 지역 특성에 맞게 다양한 형태로 발전하였다.

덴마크는 국가를 상징하는 마스코트(Mascot)나 국기를 얼굴에 수놓는 페이스 페인팅(Face Painting)을 처음 시작한 나라이다. 이들은 얼굴 전체에 붉은색으로 페인팅하고 흰 십자가를 그려 넣어 국기를 그렸고, 바이킹의 후예임을 나타내기 위해 뿔 달린 헬멧과 방패 등으로 민족성을 드러낸다.

독일과 잉글랜드는 그들만의 응원가를 여럿이 합창하는 청각적 응원 형태를 보이는 특징이 있다. 독일의 경우, 대부분 팀은 록(Rock) 음악 응원가를 가지고 있다. 잉글랜드의 경우 노동자 계급의 정서를 반영하듯, 응원 도구 사용이나 스타일의 치장을 자제하고 끊임없는 박수와 구호, 응원가를 부르며 가장 원시적인 응원 방식을 고수한다. 네덜란드는 전통의 오렌지색 유니폼으로 통일하는 시각 효과가 가장 뛰어나며, 특히 트럼펫(Trumpet)을 이용한 관악기 응원 방식을 주로 사용한다. 이탈리아는 화려한 응원 도구를 사용한다. 주로 대형 깃발과 현수막, 폭죽을 이용하여 경기장을 화려한 축제의 무대로 수를 놓는다. 남미의 대표적인 예는 브라질의 전통 타악기를 이용한 삼바 리듬 응원이다. 지역에 따른 다채로운 응원은 관중에게 색다른 볼거리를 제공한다.

이러한 국가적 특성 외에도 축구에 대한 열정을 키워나가는 과정에서 독특한 개성을 보이며 유명해진 서포터즈 집단도 있다. 한 가지 예를 들면, 덴마크의 롤리건(Roligan)●을 이야기할 수 있다. 롤리건은 경기장에서 난동과 폭력을 일삼는 잉글랜드의 훌리건(Hooligan)과 반대되는 개념으로, 열정있는 응원과 질서 정연한 관람 문화를 동시에 선보인다. 2002년 한·일 월드컵 당시, 정갈한 길거리 응원을 보여줬던 우리나라를 두고 외신에서는 '코리아(Korea)'와 '훌리건'의 합성어인 '콜리건(Koligan)'이란 표현을 사용하기도 했다.

● '조용하고 질서 정연함'을 뜻하는 덴마크어 '롤리그(Rolig)'와 '훌리건'의 합성어.

## 서포터즈의 응원 방식

서포터즈의 응원 형태는 응원가와 구호 그리고 현수막을 이용한 걸개, 깃발, 머플러 등으로 기본 구성된다. 응원가는 주로 록 음악과 클래식 음악에 기초하고, 구호는 응원가에 맞춰 자국과 구단의 정체성을 알리는 가사 내용이 들어간다. 각종 응원 도구 또한 민족이나 국가, 팀을 상징하는 이미지로 채워진다. 서포터즈의 응원 방식은 대체로 집단 정체성과 인간의 원초적 본능에서 비롯된다.

서포터즈 응원 방식의 가장 큰 특징은 선수들과 함께 호흡하기 위해 유니폼을 입고 북, 메가폰, 머플러, 꽃종이, 두루마리 휴지, 폭죽, 홍염● 등과 같은 다양한 응원 도구를 사용하여 조직을 이룬다는 것이다. 쉬지 않고 큰 목소리로 노래와 구호를 외치는 것은 물론, 몸짓과 점핑 동작을 통해 지속적이고 체계적인 응원 시스템을 선보인다.

우리나라는 현재 서포터즈 문화 정착으로 이러한 응원 방식을 자주 볼 수 있지만, 프로축구 출범 초기만 해도 아마추어에 불과한 응원이 줄을 이었다. 항상 축구공의 움직임에 따라 감정의 극심한 차이를 드러냈고, 자발적인 응원으로 열정을 분출하지 못했다. 더욱이 이벤트 업체를 통해 섭외된 응원 단장과 치어리더는 오디오 앰프(Audio Amplifier)를 사용했고, 관중은 그에 맞춰 '막대풍선'을 응원 도구로 사용해, 경기 몰입을 방해했다.

● 응원용 연막탄을 말한다. 연화성 물질이나 화약류로 분류되어 홍염은 경기장 반입 금지 물품이다.

## 프롤로그

우리나라 서포터즈 등장 이전에 각종 스포츠 경기에서 행해지던 '치어리더에 의한 응원 방식'의 기원을 놓고, 1990년대 말에 발행된 수원 삼성의 『서포터즈 가이드북 1999(그랑블루, 1999)』 글 중 「내가 생각하는 재래식 응원 방식의 문제(신동일, 1999)」를 통해, 대학 간의 스포츠 교류전인 '연고전' 또는 '고연전'이 그 기원이라고 주장한다. 또한 앞서 밝힌 것처럼, 치어리더에 의한 응원이 축구 경기에 적합하지 않기 때문에 서포터즈 응원 방식이 꼭 필요하다고 말한다.

서포터즈 응원 방식의 가장 큰 차이점은 '공의 흐름'만 쫓는 일반 응원과 달리, '경기 흐름'에 따른 응원을 한다는 것이다. 가령, 응원하는 팀이 역습을 전개한다면 그에 맞는 빠른 박자로 변화한 구호를 외친다는 점을 들 수 있다.

# 응원 도구의 종류

서포터즈의 응원 도구 중 하나인 악기는 응원가를 부르는 데 꼭 필요한 요소이다. 그 외, 의상을 이용한 응원 도구는 유니폼, 머플러, 악마 뿔, 화려한 모자와 파마머리 가발, 페이스 페인팅 등이 있고, 현수막이나 천을 이용해 걸개, 통천, 깃발 등을 직접 만들기도 한다. 또, 종이를 이용한 응원 도구에는 개인이 들고 다닐 수 있는 플래카드(Placard)에서 여러 사람이 모여 문구를 보여주는 카드섹션(Card Section)에 이르기까지 그 종류가 다양하다. 여기서는 서포터즈가 주로 사용하는 응원 도구에 초점을 맞춰 그 쓰임새에 대해 자세히 알아보도록 하자.

### 유니폼

유니폼은 구단이나 대표팀 의류 브랜드를 통해 구입할 수 있다. 보통 유니폼은 '선수용'과 축구팬에게 판매되는 '레플리카(Replica)'로 구분되고 홈, 원정, 골키퍼 유니폼 등 다양하게 출시된다. 대부분 주로 팀의 상징 색상을 사는 편이다. 서포터는 유니폼을 직접 입거나 유니폼을 경기장 난간에 걸어 선수를 응원한다. 이처럼 서포터즈 조직 내에서는 유니폼을 입는 경우가 대부분이지만, 자체 제작한 티셔츠를 입기도 한다. 강경한 서포터즈 모임일수록 구단의 상징색과 관계없는 검은색이나 흰색으로 티셔츠를 맞춰 입는다.

### 머플러

머플러는 추운 날씨에 유용하다. 3월부터 11월까지 리그가 진행되는 국내 프로축구는 날씨가 쌀쌀한 봄, 가을을 포함해 무더운 여름에도 경기가 펼쳐져 보온을 위한 재질 이외에도 수건 재질 등 다양하게 사용된다. 머플러를 활용한 응원법은 손목에 머플러를 묶고 흔들거나 문구를 펼쳐 보여 웅장한 느낌을 살린다. 보통 선수 입장과 함께 머플러를 펼쳐 보이곤 한다. 머플러에는 팀 명칭이나 문구가 들어가는 것이 일반적이지만, 요즘에는 문구를 간소화하고 패턴(Pattern)을 넣는 것이 유행이다.

### 메가폰

메가폰과 같은 확성기는 서포터즈의 구호를 이끌어가는 '콜리더(Call Leader)'에게 꼭 필요하다. 콜리더가 메가폰을 통해 응원가를 선창하면 다수의 서포터가 따라 부른다. 메가폰을 잡고 있는 콜리더는 수시로 서포터즈가 있는 쪽을 바라보기 때문에 그날의 경기 내용을 전부 파악하기가 쉽지 않다.

### 탐

응원가의 기본 박자를 맞추기 위해 꼭 필요한 악기가 바로 '탐'이다. 서포터즈 탄생 시기에는 단순한 박자에 응원했기 때문에 기본이 되는 '플로어 탐(Floor Tom)'으로만 응원했다. 현재는 '스네어 드럼(Snare Drum)'을 추가로 사용하면서 박자를 쪼개 속도감과 경쾌한 리듬을 선보이는 서포터즈가 많아지는 추세다. 그 외에도 '심벌즈(Cymbals)', '트럼펫' 등 여러 악기 구성이 가능하다.

### 깃발

현수막이나 천에 깃대를 단 깃발은 구단에서 배포하는 작은 사이즈부터 서포터즈가 제작한 대형 사이즈까지 다양하다. 구단에서 배포하는 작은 깃발은 주로 엠블럼이 새겨져 있고, 서포터즈가 제작한 깃발은 서포터즈의 정체성을 담은 깃발 디자인이 들어간다. 작은 깃발은 원하는 대로 마음껏 흩날릴 수 있지만, 큰 깃발은 무게가 상당하여 보통 위아래로 흔든다. 이러한 대형 깃발은 페널티킥 상황에서 상대 선수의 시선을 뺏는 용도로 활용되기도 한다.

### 게이트기

게이트기(Gate Flag)는 깃발과 비슷한 개념이지만 깃대가 양 끝으로 달려, 천이나 현수막을 흔드는 용도가 아닌, 어떠한 문구를 펼쳐 보여주는 데 활용된다. 이름에서 알 수 있듯이, 그 모양이 '문(門)'을 떠올리게 한다. 앞서 설명한 대형 깃발의 경우에는 그 규모에 따라 인쇄된 천을 사용한다. 그러나 게이트기는 그에 비해 크기도 작고, 보다 많은 개수를 제작해야 응원 효과가 있으므로 대량의 천을 구입해 직접 그림을 그리는 경우가 많다.

### 걸개

경기장 난관에 걸어두는 현수막을 말한다. 보통 가로 크기에 해당하며 서포터즈의 정체성을 표현한 문구가 적혀있다. 깃발, 게이트기처럼 다양하고 퀄리티 높은 디자인을 선보이지만, 구단에 대한 비판이나 타구단에 대한 비판을 가하는데 사용하기도 한다. 이땐, 걸어두기보단 관중석 중간에 위치한 좌석에서 서포터가 직접 펼쳐 보이곤 한다. 잉글랜드 국가대표팀의 경우, 수많은 국기를 걸어두어 장관을 연출한다.

### 통천

통천은 쉽게 말해 '대형 태극기' 응원을 말한다. 대형 현수막을 관중석 낮은 곳부터 높은 곳까지 끌어올리기 때문에, 천 안쪽에 있는 관중은 밖을 볼 수 없다. 2002년 월드컵에서 사용된 '대형 태극기 통천'은 가로 60미터, 세로 40미터에 달하고 대략 8,000명이 있어야 제대로 펼칠 수 있다고 하니, 그 크기가 요즘 통천에 비해 상당하다. 또한 통천의 형태를 옷 모양으로 잡아 구단 유니폼을 그려 넣는 경우도 있다.

### 카드섹션

관중석 자리에 위치한 각각의 사람이 정해진 규격과 색상의 종이를 들고 통일된 문구와 그림을 크게 표현하는 것을 '카드섹션'이라고 한다. 카드섹션은 경기 전, 지정된 자리에 종이를 미리 배치해야 하므로 많은 인력이 필요하다. 서포터즈는 이러한 고된 작업을 팀에 애정을 갖고 무보수로 일한다.

### 꽃종이

이름에서 알 수 있듯이 종이가 사용된다. 쉽게 말하면 '종이 꽃가루'이다. 서포터즈는 꽃종이를 만들 때, 철 지난 잡지나 신문처럼 안 쓰는 종이를 직접 잘라 만든다. 요즘 구단에서는 기계를 활용한 종이 꽃가루를 뿌리기도 한다. 종이 크기가 작고, 그 수가 많아야 효과가 있는 꽃종이 응원은 경기 후 많은 쓰레기가 만들어진다. 2002년 월드컵 당시, 우리나라가 외신으로부터 '콜리건'이라 불릴 수 있었던 이유가 응원도 열성적이었지만, 이러한 응원으로 생겨난 쓰레기 또한 완벽하게 정리했기 때문이다.

휴지 폭탄

두루마리 휴지를 던지는 응원을 '휴지 폭탄'이라 한다. 휴지 폭탄도 꽃종이처럼 많은 분량을 만들어야 효과를 볼 수 있다. 자원 낭비를 최소화하기 위해 두루마리 휴지 1개 분량을 몇십 개로 나눠 만든다. 멀리 던질수록 휴지가 잘 풀려 응원 효과가 극대화되는데, 축구전용구장에서 던지면 휴지가 그라운드까지 침범해 경기가 지연되는 일이 종종 있다.

# 시대 배경

'축구동'은 PC통신 하이텔의 '축구동호회'로서 1994년 말까지는 단체관람을 위해 경기장을 찾았고, 1995년 5월 6일에 최초의 자발적인 단체 응원을 시작하였다. 1996년에는 '축구동' 내에 프로구단 특정 팀을 응원하는 조직이 만들어졌고, 1997년부터는 이 조직을 '서포터즈 클럽'이라 부르기 시작하였다. 이로써 우리나라에 실질적인 '서포터즈'가 만들어지게 되었다.

# 1  1990년대 초 PC통신

우리나라의 서포터즈를 설명할 때, 빠질 수 없는 부분이 'PC통신 동호회'이다. 축구팬 각 개인이 PC통신을 통해 '축구동호회'로 집단화할 수 있었기에, '축구동'은 1990년대 들어 새롭게 형성되기 시작한 사이버(Cyber) 동호회 문화와 더불어 서구의 전통있는 축구 문화를 접목하여, 현재와 같은 모습의 축구 '서포터즈 문화'를 국내에 정착할 수 있었다. 따라서 서포터즈 출현을 이해하는 데 필요한 1990년대 초의 PC통신 동호회 상황을 가장 먼저 설명한다.

PC통신 서비스를 통한 집단화
우리나라의 PC통신은 1987년『한국경제』신문사가 '케텔(Ketel)'이라는 이름의 통신망을 개설하며 시작되었으나 그 이용자 수가 많지 않아 우리 사회에 큰 영향을 미치지는 못했다. 이후 '한국통신(KT)'이 1991년 12월 '케텔'을 '하이텔(Hi-Tel)'로 이름을 바꿔 새로운 서비스를 시작하면서 많은 가입자를 확보하게 되었고 통신 문화를 선도하였다.

PC통신 서비스의 특징 중 하나는 현재의 개방된 인터넷 환경과는 다른 폐쇄성을 들 수 있다. 당시 통신 서비스에 한 번 접속하면 딴 곳으로 이동할 수 없고, 오직 해당 서버가 지원하는 서비스만을 사용해야 했다. 당시 하이텔에서 제공하던 축구 관련 서비스는 '스포츠 게시판'과 '축구동호회'가 있었다. 축구팬은 경기를 관람하고, 하이텔의 '스포츠 게시판'을 찾는 것이 일반적인 흐름이었다. '스포츠 게시판'에서 보다 자발적으로 움직이는 사람들은 '축구동호회'에 가입하였는데, PC통신의 '폐쇄성'이란 특징으로 인해 당시 축구를 좋아하는 온라인 사용자는 결국 '축구동호회'로 모일 수밖에 없었다.

제목: "서포터즈 무브먼트의 재개를 기다리며"
> 당시 하이텔의 축구 관련 서비스는 '스포츠 게시판'과 '축구동호회'가 있었는데, 축구 경기를 보고 난 후, '스포츠 게시판'을 찾는 것이 하이텔 가입자의 일반적인 흐름이었죠. 그 '스포츠 게시판'에서 보다 적극적으로 움직이는 사람들이 축구동호회에 가입하였습니다.
>
> 이 집중성이라는 것은 바로 이런 팬의 결집을 이야기하는 것입니다. 당시 축구를 좋아하는 온라인 사용자(네티즌)는 결국 '축구동호회'로 결집할 수밖에 없는 구조(텔넷의 한계점)를 지녔기 때문에, '스포츠 게시판'을 달구던 논객들은 자연스럽게 하이텔 '축구동호회'로 모이게 됩니다.
>
> 붉은악마 홈페이지, 차영일, 2004년 1월 24일.

국내 축구팬이 1970년대 말과 1980년대 초에 MBC에서 방송했던 독일 분데스리가(Bundesliga)와 더불어 4년마다 개최되는 월드컵 중계를 통해 축구 선진국의 관람 문화를 접한다. 선진 축구 관람 문화에 감명받아 새로운 응원 문화에 대한 욕구가 발생하였는데, PC통신에서 집단 모임을 통해 이를 해소할 수 있게 되었다. 따라서 PC통신을 통한 집단 모임이 이루어지지 않았다면 우리나라 서포터즈 출현이 늦어졌을 것이며, 현재와는 다른 모습으로 발전하였을 것이다.

### PC통신 동호회 문화

1990년대 초만 하더라도 우리나라에서 컴퓨터를 다룰 수 있는 PC통신 이용자는 주로 대학생이었으며, 그 외에는 일부 대학 졸업자와 고등학생뿐이었다. 1993년 '축구동'이 결성될 당시 우리나라의 PC통신 이용자 수는 20~30만 명 정도였다. 회원 대부분이 대학생이나 고등학생이었기 때문에 PC통신 이용자는 자신이 사회적 엘리트(élite) 집단이라는 공통된 인식을 하고, 그들만의 정체성으로 새로운 문화를 만들어 갈 수 있다고 믿었다.

> 컴퓨터를 올려다보는 사람들의 경외심이 있었고, 거기에 동호회라면 뭔가 학구적인 사람들이 다 모였다고 생각하는 분위기였으니까, 왜냐하면 PC통신을 접하는 사람 대부분 대학생이었으니까! (…) 그다음부터 고등학생으로 넘어갔고, 그러면서 대학생들이 터전을 닦아 놓았으니까 이게 고결하고 순결하게 보인 거고! (…) 그땐 컴퓨터를 한다고 하면 자기 나름대로 문화에 앞선 리더라는 자긍심이 박혀 있던 시대였고! (…) 우리가 컴퓨터를 통해서 만나고 있는 사람들의 그때 당시 사명감은 '최초'라는 생각을 다 갖고 있었으니까!
> 
> 저자와 인터뷰 - 이OO, 2006년 2월 2일.

당시에 PC통신을 했던 사람들은 정말 문화적
리더들이니깐!

<small>저자와 인터뷰 - 최OO, 2005년 9월 11일.</small>

제목:[가입 인사] 새로운 세대 축구 문화의 주역이길…
새로운 세대답게 2000년대 한국 상황에 맞는 축구 문화의
기틀을 잡아주기를 기대합니다. 한국 축구의 중흥을
말로만 외치는 사람들과는 다른, 젊은 세대의 실천과 패기
그리고 정열을 기대합니다.

<small>축구동 게시판, 1993년 10월 9일.</small>

당시 PC통신에서 동호회 활동을 했던 사람이 주로 대학생이었기 때문에 대학 문화가 동호회 활동에 묻어났다. 그러한 모습은 단순한 '취미활동으로서 동호회'가 아니라 '사회 엘리트'로서, 자신의 관심 분야에 대한 '전문성을 갖추고자 하는 노력'을 엿볼 수 있다. 앞의 인용에서도 알 수 있듯이, 1995년 이전까지 PC통신 이용자는 공통으로 자신들이 '사회적 엘리트 집단' 혹은 '문화 리더'라고 자부하고 있었음을 알 수 있다. 이러한 분위기에서 PC통신 이용자는 '통신 동호회 활동'에 참여하였고, 그 속에 하이텔 '축구동호회'가 있었다.

### 통신 동호회 문화와 축구 문화

서울대학교 석사학위논문, 「PC통신을 통한 가상공동체의 형성과 그 특성에 관한 연구(임현경, 1996년)」에서 "PC통신 동호인 중 60%가 2개 이상의 통신 동호회에 가입했다"라고 보고한 바 있다. '축구동' 회원들 또한 '축구동호회'에서만 활동한 것이 아

**시대 배경**

니라 다른 통신 동호회에 가입하여 활동하면서 통신 문화가 사회화되었고, 통신 문화에 기초해 축구 모임을 만들어 갈 수 있었다. 그 증거로 '축구동'에서 발표한 '칸타타(Cantata) 선언문'을 들 수 있다.

> · 올바른 통신 문화의 정착을 위해 노력한다
> 축구팬 입장과 더불어 정보화시대를 맞이하는 통신인의
> 입장을 함께 자각하여 예의범절을 중시하고 올바른 토의
> 문화 및 통신 문화의 정착을 위해 축구동 회원이 먼저
> 노력한다.
>
> 칸타타 선언문, 1995년 12월 16일.

칸타타 선언문은 1995년 12월 16일 '축구동' 송년 모임에서 작성되었다. 축구팬 사이에서는 이 선언문을 두고 "우리나라 서포터즈 발전에 큰 기여했다"는 평가를 하고 있다. 동호회의 운영 방향을 제시하고자 했던 이 선언문에 '올바른 통신 문화의 정착을 위해 노력한다'는 내용이 포함된 것은 '축구동호회'가 통신 문화권 내에 있음을 잘 보여주고 있다.

'사회 엘리트'라는 생각을 하고 있었던 PC통신 동호인은 일상적 여가(Casual Leisure: Stebbins, 2001)로서의 동호회 활동이 아니라 진지한 여가(Serious Leisure: Stebbins, 2001)로서 전문성을 갖추기 위해 동호회마다 세미나(Seminar)와 토론 문화를 활성화했다. '축구동' 또한 통신 동호회로서 축구 세미나 개최 및 전문적인 '동호회'가 되고자 노력했다. 그 증거가 1993년 10월 8일 동호회 게시판 개설을 앞두고, 기획 시삽(Sysop)●을 맡고 있던 양현덕 씨가 앞으로의 동호회 운영계획을 밝히는 글에 잘 나

● 인터넷 게시판의 시스템 운영자(System Operator)을 줄여서 '시솝'이락 한다. '시삽', '시샵'으로도 불린다.

타나 있다. 또한 10월 9일에 발표된 하이텔 '축구동호회' 취지 및 운영 목적에도 같은 내용을 확인할 수 있다.

제목: 하이텔 축구동호회 개설에 즈음하여…
   1. 축구 세미나 개최
   2. 'FC 2002' 축구팀 창단
   3. '하이텔 동호회배 축구 대회'
   4. '야구동호회'와 친선도모
   5. 축구인(선수, 감독 등) '축구동' 명예회원으로 가입
   6. 축구 가족 협회보 무료 배달
   7. 94' 월드컵 방문 계 조직
   8. 경기장 관람

    축구동 게시판, 양현덕, 1993년 10월 6일.

제목: 하이텔 축구동호회 취지 및 운영 목적
   분주하고 도시적인 일상생활에서 벗어나 원초적 생명력이 느껴지는 생활체육 참여가 다변적인 삶의 형태를 조각해 주며, 대다수 PC통신으로부터 크게 환영받고 있다. 그러나 아직 PC통신 생활체육이 정착이 덜 되어 많은 시행착오를 겪고 있었다.
     축구는 그 생활체육의 주체라고 할 수 있다. 축구인은 약 70만 명의 최대 활동 인구를 헤아리는 거대 생활체육으로 성장했다. 이제 축구동호회가 가개설이 되었다. 그 생활체육이 PC통신상에도 정착되도록 노력하고, 많은 회원이 활발히 활동하여 전문적인 축구 동호회로 거듭날 것이다.

    축구동 게시판, 양원석, 1993년 10월 9일.

## 시대 배경

우리는 이 글을 통해 양현덕 씨가 단순한 동호회가 아니라 전문성을 갖춘 동호회로 발전시키기 위해 축구 세미나를 개최하고자 했던 의지를 확인할 수 있다. '축구동' 회장이었던 양원석 씨 또한 10월 9일 발표한 '취지 및 운영 목적' 글에서 전문적인 동호회를 지향한다는 내용이 담겨있다.

우리는 한 서포터가 과거의 '축구동' 시절을 회고하며 '붉은악마' 게시판에 남긴 다음의 글을 통해 '축구동'이 전문성을 상당히 갖춘 동호회였다는 사실을 알 수 있다. 그리고 축구에 대한 전문성을 좀 더 높이고자 1995년 8월 13일에는 신문선 해설위원까지 초대하여 세미나를 개최했다.

제목: "서포터즈 무브먼트의 재개를 기다리며"
모든 서브 메뉴들은 사실상 팬의 범주에서 할 수 있는 모든 활동을 커버하고 있었습니다. 때문에, 축구팬의 대변인으로서 대표성을 가질 수 있는 환경을 가지고 있었습니다. 축구동호회의 의견은 모든 축구팬의 의견을 대표한다고 생각해도 과언이 아니었죠.
붉은악마 홈페이지, 차영일, 2004년 1월 24일.

제목: [공고/필독] 축구동 세미나 개최 일자 확정!
안녕하십니까. 축구동 후원회의 숙원사업 중 하나인 '축구 바로 알기' 세미나를, 드디어 8월 13일 일요일 오후 3시 신일고등학교에서 열기로 확정하였습니다. MBC 축구 해설위원 신문선 님을 모시고 진행되는 이번 세미나에 회원 여러분의 많은 참여를 바랍니다.
축구동 게시판, 1995년 7월 28일.

PC통신 동호회 중 하나였던 '축구동'도 통신 문화를 바탕으로 만들어져 다른 분야의 통신 동호회와 마찬가지로 취미활동에 불과했지만, 여러 활동을 통해 전문성을 갖춘 동호회로써 발전할 수 있었다. 이후 '축구동호회'를 모태로 서포터즈가 만들어졌기 때문에 '통신 문화'가 서포터즈 출현의 배경으로 작용했다고 주장할 수 있다.

## 2   한국 축구계

4년마다 열리는 월드컵으로 인해 국내에서는 4년 주기로 축구에 대한 관심이 증대되는 현상이 나타난다. 특히 '스타 선수'나 '애국심'으로 한국 축구에 눈길을 주기 시작한다. 이렇게 만들어진 축구에 대한 관심은 결국 '한국 축구의 문제점'이라는 평가로 이어지는데, 여기서 빠지지 않는 주제가 바로 '국내 프로축구에 관한 문제'이다. 또한 서포터즈 출현 시기는 대한축구협회가 2002년 월드컵을 한국에서 개최하기 위해 일본과 유치 경쟁을 벌이던 시기와 일치한다. 그럼, 한국 축구계의 상황과 더불어 '축구동'에서는 어떠한 반응이 있었는지 구체적으로 살펴보자.

### 월드컵 출전과 월드컵 유치 경쟁

우리나라 축구 국가대표팀은 1954년 스위스 월드컵에 처음 출전한 이후, 32년 만인 1986년 멕시코 월드컵에 진출하고부턴 연속으로 본선 무대에 올랐다. 우리나라 축구팬이 PC통신을 통해서 모임을 결성했던 1993년에 대표팀은 10월 28일 '도하의 기적●'으로 3회 연속 월드컵 진출이라는 행운을 얻었다. 미국 월드컵 본선 진출과 4년마다 개최되는 월드컵을 통해 국민들은 축구 중계를 접할 기회가 많아졌고, 이는 결국 한국 축구에 대한 관심으로 이어졌다.

> ● 카타르 도하에서 열린, 1994년 미국 월드컵 아시아 지역 최종예선에서 마지막 한 경기를 남기고 일본은 2승 1무 1패로 1위를, 우리나라는 1승 2무 1패로 사우디에 이어 3위를 기록 중이었다. 우린 최종전에서 북한을 3:0으로 이기고도 같은 시각에 열린 일본과 이라크의 경기 결과를 두고 봐야 했다. 일본은 2:1로 앞서가다 추가시간에 동점을 허용했고 득실차에 밀려 3위로 추락, 우리나라는 2위에 올라 본선 진출국이 극적으로 뒤바뀌었다.

> 이러한 작은 동호회(축구동)가 그 회원 수를 늘려나간
> 것은 1994년 미국 월드컵이 큰 계기를 마련합니다.
> 월드컵에서 한국의 16강 진출 실패와 더불어, 축구에 대한
> 담론이 온라인 세계에서 활발하게 진행됩니다. 이것은
> 1995년 새로운 시작을 불러일으키는 원동력이 됩니다.
>
> 붉은악마 홈페이지, 2004년 1월 24일.

1993년에 월드컵 아시아 지역 예선이 있었고, 1994년에는 미국 월드컵 본선이 있었기 때문에 그 기간에 우리나라는 축구팬이 증가했다. 그들 중 PC통신을 이용하는 사람은 통신 동호회에 가입하여 모임을 할 수 있었다. 그러나 우리나라 최초의 PC통신 하이텔 '축구동'은 미국 월드컵 아시아 지역 최종예선이 있었던 1993년 6월까지만 해도 정식 게시판이 없어, 회원 증가에는 한계가 있었다.

그렇지만 정식 동호회로 활동하던 1994년 미국 월드컵 본선 당시에는 실질적인 회원 가입으로 이어졌다. 월드컵 대표팀에 대한 관심은 자연스럽게 프로축구로 눈길이 이어져 '축구동' 내에서는 한국 축구에 대한 고민의 글이 점점 많아지기 시작했다. 이렇게 해서 한국 축구 발전의 걸림돌로 작용하는 여러 가지 문제점에 대한 담론이 생성되었다.

제목: 축구장 이러지 말자

> 축구 경기 일정표가 어디에 있는지 알고 싶네요. 그거라도
> 봐서 가야지. 본론으로 들어가서 제가 그동안 축구장을
> 찾지 않았던 이유 중 하나는 맨날 비겨서 재미가 없다는
> 점. 야구보다는 많이 비기는 게 사실이죠. 저는 비기는

## 시대 배경

게 싫어요. "지면 졌지, 비기는 게 뭐냐. 안 한 거나 마찬가지다"라고 생각이 들었죠. 그런데 월드컵을 보니까 생각이 달라지더라고요.

또 한 가지 이유는 축구 경기 중에 음악을 미친 듯이 크게 틀고 치어리더가 춤추고... 축구가 아무리 지루한 경기라지만 그런 음악 트는 거 자체가 싫습니다. 경기 중에는 제발 음악 좀 틀지 않았으면 합니다. 무슨 시장에 온 느낌이...

축구동 게시판, 정기철, 1994년 8월 18일.

제목: 프로축구에도 서든데스제(Sudden Death)를 도입하자

축구에는 무승부로 끝난 경기가 있습니다. 월드컵 본선 조별리그에는 무승부가 있지만(처음부터 힘 빼는 일을 없게 하기 위해서) 토너먼트부터는 절대로 비기는 경기가 없습니다. 승부가 안 나면 연장전을 치르고 그래도 연장에서 득점 없이 비기면 승부차기로 승자를 가립니다. 그래서 절대로 비기는 경기가 없습니다.

세계 각국 리그에서 연장전 서든데스제를 채택할 예정입니다. 한국 프로축구에서 내년부터 무승부를 폐지하고 후반에 비기면 연장전에서 서든데스제를 실시해야 합니다.● 그래야 축구가 더 재미있어집니다.

축구동 게시판, 김정중, 1994년 8월 18일.

● 서든데스제의 또 다른 이름은 '골든골(Golden Goal)'이다. 연장전에서 득점할 경우, 남은 시간과 관계없이 경기가 그대로 종료되는 것을 뜻한다. 1993년 U-20 월드컵을 시작으로 성인 대회인 1996년 유로, 1998년, 2002년 월드컵에서 적용되었다. 골든골은 현재 폐지된 상태이며, 골든골과 비슷한 '실버골(Silver Goal)'이란 제도도 있었다는 것을 알아둘 필요가 있다. 실버골은 연장 전반에 득점해도 남은 전반 15분을 모두 소진하고, 후반전 없이 경기가 종료된다. 이러한 제도는 승무패로 승점을 따지는 프로리그에서는 보기 힘든 제도다.

3회 연속 월드컵 본선 진출이라는 소식 외에도 1993년은 대한축구협회 47대 회장에 정몽준이 취임하던 해로 '2002년 월드컵 한국 유치'가 공략 사항이었다. '축구동'에서도 유치 결정 초기부터 월드컵 유치를 위한 운동의 일환으로 동호회 게시판 글 마지막 부분에 '2002 월드컵은 한국에서…'라는 문구를 삽입하자는 운동을 벌였다.

이렇게 1993년부터 시작된 월드컵 유치 활동은 1995년에 2002년 월드컵 '한국 개최'를 목표로 일본과 치열한 경합을 벌였다. 월드컵 유치 운동은 결국 1996년 5월 31일, 한국과 일본의 공동 개최라는 성과로 이어졌다.

우리나라가 월드컵 유치 경쟁에 본격적으로 뛰어들었던 1995년 1월에는 '축구동'에서도 게시판 글 끝부분에 '2002 월드컵 인 코리아(World Cup in Korea)'라는 문구를 삽입하자는 운동을 다시금 벌이기 시작했다. 이후 '축구동' 회원들은 축구팬의 역할을 스스로 찾아 한국 축구의 발전을 위해 조금이나마 보탬

| K리그 구단 변화 | 1983년 | 1984~85년 | 1986년 | 1987~88년 |
|---|---|---|---|---|
| | 5개 구단 | 8개 구단 | 6개 구단 | 5개 구단 |
| | 포항제철<br>대우 로얄즈<br>유공 코끼리<br>국민은행<br>할렐루야 | 포항제철<br>대우 로얄즈<br>유공 코끼리<br>럭키금성<br>현대 호랑이<br>한일은행<br>국민은행<br>할렐루야 | 포항제철<br>대우 로얄즈<br>유공 코끼리<br>럭키금성<br>현대 호랑이<br>한일은행 | 포항제철<br>대우 로얄즈<br>유공 코끼리<br>럭키금성<br>현대 호랑이 |

**시대 배경**

이 되고자 노력했다. 이러한 노력이 쌓이면서 '축구동'은 '서포터즈'로 조금씩 성장하게 된다.

프로축구 상황

1983년 '슈퍼리그'로 출범한 한국 프로축구는 프로인 할렐루야와 유공 코끼리 외에, 아마추어인 포항제철, 국민은행, 대우 로얄즈 등 실업리그 상위 3개 팀뿐이었다. 팀 연고는 '광역연고제'였으며, 초청과 원정 경기 방식으로 리그가 운영되었다.● 1984년에는 대우 로얄즈, 현대 호랑이, 럭키금성, 포항제철이 잇따라 프로 출범을 선언하였고, 1989년 일화, 1994년 전북, 1995년 전남, 1996년 수원, 1997년 대전, 2003년 광주와 대구, 2004년 인천, 2006년에 경남이 프로리그에 참가하여 리그다운 면모를 갖추게 되었다. 그렇지만 1993년에는 6개 팀이, 1994년에는 7개 팀이 참가하여 한 국가의 프로리그라고 보기에는 적은 수의 팀으로 리그가 운영되었다. 그렇다 보니 정규리그 경기 수도 2005

| 1989~93년 | 1994년 | 1995년 | 1996년 | 1997년 |
| --- | --- | --- | --- | --- |
| 6개 구단 | 7개 구단 | 8개 구단 | 9개 구단 | 10개 구단 |
| 포항제철 | 포항제철 | 포항 아톰즈 | 포항 아톰즈 | 포항 스틸러스 |
| 대우 로얄즈 | 대우 로얄즈 | 대우 로얄즈 | 부산 대우 | 부산 아이콘즈 |
| 유공 코끼리 | 유공 코끼리 | 유공 코끼리 | 부천 유공 | 부천 SK |
| 럭키금성 | LG 치타스 | LG 치타스 | 안양 LG 치타스 | 안양 LG 치타스 |
| 현대 호랑이 | 현대 호랑이 | 현대 호랑이 | 울산 현대 | 울산 현대 |
| 일화 천마 | 일화 천마 | 일화 천마 | 천안 일화 천마 | 천안 일화 천마 |
| | 전북 버팔로 | 전북 다이노스 | 전북 다이노스 | 전북 현대 |
| | | 전남 드래곤즈 | 전남 드래곤즈 | 전남 드래곤즈 |
| | | | 수원 삼성 | 수원 삼성 |
| | | | | 대전 시티즌 |

● 프로축구 출범 초기에는 홈, 원정 개념이 지금처럼 자리 잡지 못했다. 모든 팀이 어느 한 도시에 모여 경기를 펼치는 등 여러 방식이 있었다.

년 160경기, 2006년 182경기에 비해 1993년에 90경기, 1994년에는 105경기에 불과해 리그 운영이 안정적이긴 힘들었다.

리그에 참가한 팀의 수가 적은 이유 외에도 불안정한 지역 연고 또한 프로축구 활성화에 부정적인 역할을 했다. 1983년부터 '광역연고제'로 시작된 프로리그는 1989년 창단한 일화 천마가 서울의 '강남·강북'을 연고로 정착하면서, 이전까지 '광역연고제'를 쓰던 각 구단은 1990년부터 연고지를 특정 도시로 한정하는 '도시연고제'로 변화했다. 대표적인 예로 현대는 강원도에서 울산으로, 럭키금성은 충청도에서 서울의 '강북'으로 연고를 옮겼다. '도시연고제'란 말 그대로, '도(道)'를 중심으로 하던 기존의 '광역연고제'에서 탈피, 특정 '시(市)'를 연고지로 지정하는 것이었다.

이는 '유랑극단' 신세를 면하고 확실한 '프랜차이즈(Franchise)' 형식의 프로리그로 거듭나기 위한 노력의 일환이었다. 1996년은 프로축구 출범 원년부터 줄기차게 제기되었던 '지역연고제 정착'이 연맹의 의지로 실현되기 시작한 해이다. 연맹은 프로축구 활성화와 지속적인 팬 확보를 위해서는 '지역연고제'를 정착시켜 연고팬을 끌어들이는 것이 가장 중요하다고 판단하여, 모기업의 이름이 우선시되던 팀 명칭을 지역명으로 통일했다. 9개 구단의 약칭을 부산 대우, 울산 현대, 부천 유공, 천안 일화, 안양 LG, 수원 삼성, 포항 아톰즈, 전남 드래곤즈, 전북 다이노스로 확정했다.(30~31쪽, 표 - K리그 구단 변화 참고)

더욱 간략히 표기할 경우 부산, 전남, 포항 등 지역명만 써줄 것으로 각 언론사에 홍보와 협조를 부탁하는 세심한 노력을 기울였다. 또한 1996년에는 서울에 연고를 두고 있던 3개 구단

(일화·금성·유공)이 각각 천안과 안양, 그리고 부천으로 연고지를 이전하게 되었다.

| 연고지 변화 | 1983년~ | 1990년~ | 1996년~ | 2000년 전후 |
|---|---|---|---|---|
| | 광역연고제 | 도시연고제 | 지역연고제 | |
| 제주 Utd(유공) | 경기도, 인천 → | 서울 → | 부천 → | 제주 |
| FC서울(금성) | 충청도 → | 서울 → | 안양 → | 서울 |
| 성남FC(일화) | 서울 → | | 천안 → | 성남 |
| 울산 현대(현대) | 강원도 → | 울산 | | |

월드컵 3회 연속 출전을 통해 국가대표팀에 대한 관심은 날로 높아졌으나 프로리그는 출범 10년이 지난 1993년까지도 국민으로부터 외면당하고 있었다.

제목: 프로축구 앞으로 가능할까?

관중이 점점 줄어가는 추세. 월드컵 대표팀 선수가 구단에 불참한다고 하더라도, 또 대표 선수들이 구단에 돌아온다고 하더라도 썰렁한 관중석은 계속될 것입니다. 만약 이 상태로 나아가면 프로축구 문 닫는 비극이 벌어질 수 있습니다.

대응 방안은 외국 용병 중 스타 선수를 과감하게 수입하고, '전북 버팔로'처럼 각 프로팀의 지역별 연고지를 정하고, 연고지가 서울이면 서울 내 대대적인 광고와 행사를 해야 하며 경기마다 자동차, 전자제품 등을 관중에게 주어야 선물에 현혹되어 관중이 늘어간다.

축구동 게시판, 정진, 1994년 6월 3일.

우리나라의 축구 '디비전 시스템(Division System)'은 2부리그 팀 조직이 활성화되어 프로리그로 발전한 것이 아니라, 기업-정치 중심의 프로팀을 창단하여 1부리그를 만들고 역으로 2부리그(혹은 3~4부리그)를 만들어 가는 방식으로 발전하고 있다.

월드컵이 끝날 때마다 언론에서는 "한국 축구의 발전을 위해서는 프로리그의 성장이 필수적"이라는 주장을 내놓고 있다. 이러한 주장의 이면에는 '한국 축구의 발전'이란 논리가 깔려 있다. 국민이 프로리그 경기를 보거나 응원하는 것도 대부분 해당 팀이 좋아서가 아니라 한국 축구의 발전을 위해서이다. 우리나라의 프로축구는 국민에게 볼거리와 놀거리를 제공하기보다는 여전히 국가대표 양성을 위한 제도로 인식되고 있다.

# 3 언론

1990년대 미디어에서는 프로축구보단 국가대표 축구 경기에만 관심이 있었으며, 스포츠 중계는 축구보다 야구를 주로 방송하던 시기였다. 스포츠 뉴스에서도 야구 경기 결과를 먼저 알려주고 나중에 축구 경기 결과를 방영하는 것이 관례였다. 신문 역시 축구 경기에 대한 자세한 상황은 설명하지 않고 단지 경기 결과에 초점을 둔 기사만을 보도하였다.

제목: 방송국, 축구팬을 무시한다
> 아... MBC, KBS는 야구를 키우고... SBS는 농구를 키우고...
> '축구를 키우자'하는 곳은 찾아보려야 찾을 수가 없군요.
> MBC가 우리 축구팬을 기만하는 듯합니다. 야구 중계가
> 있다죠? 그것도 평일에... 화가 납니다. 녹화라도 프로축구
> 중계를 해주었으면 소원이 없겠군요.
> 축구동 게시판, 함형승, 1994년 8월 18일.

이처럼 2002년 이전까지만 하더라도 미디어에서는 프로축구와 관련해 단순히 경기 결과만을 보도하였을 뿐, 자세한 내용은 자주 생략되었다. 이러한 상황에 프로축구 중계방송은 기대조차 할 수 없었다. 그래서 경기를 관람한 사람들이 PC통신을 통해 마치 자신이 기자인 양 경기 결과를 알려주고 경기 감상문을 올림으로써 '축구동' 회원들은 미디어보다 통신상에서 먼저 정보

를 접할 수 있었다. 따라서 축구 정보에 목말랐던 축구팬은 PC통신에서 서로 정보를 공유하는 데 힘을 기울였다.

제목: 한국의 슬픈 축구팬들이여
　언론의 '축구 죽이기', '야구 살리기'의 행태를… 올해도 프로축구 중계는 두 차례밖에 없었다. 나마저도 축구에 관심을 보이지 않는다면 정말 우리나라 프로축구 망할 것 같은 느낌. (…) 최고로 좋아했던 '스포츠 하이라이트'라는 일명 MBC 스포츠 뉴스가 내 눈에 비치면 정말 그놈의 아나운서를 끄집어내어 어떻게라도 해주고 싶었다. 완전히 야구 소식으로만 도배해 버린 잘난 야구 뉴스…
　　'축구동'에서 옮겨진 나우누리 글, 1997년 7월 15일.

'우리나라 최고의 스포츠는 어느 종목인가'에 대한 축구팬과 야구팬 간의 자존심 대결은 어제오늘의 이야기가 아니다. 1993년과 1994년 사이에 PC통신 '스포츠 게시판'에서는 이 문제를 놓고 열띤 논쟁이 벌어졌다. 그중 가장 설득력 있는 주장은 국가대항전은 축구가 우리나라를 대표하는 스포츠이고, 경기장을 찾는 고정팬으로 따지면 야구가 우리나라에서 가장 인기 있는 스포츠라는 설명이다.

　이는 언론의 태도에서도 쉽게 알 수 있다. 언론은 축구 국가대표팀의 경기 외에는 프로축구에 대한 기사를 단신으로 다루고 대부분을 국내 프로야구에 관한 내용으로 채웠다. 이러한 태도로 인해 열등감을 가진 축구팬은 한국 축구 발전의 저해요인으로 언론을 지목하면서 이 문제를 극복하고자 노력하였다.

# 4    관람 문화

'축구동'이 자발적인 유럽식 단체 응원을 시작하기 전의 국내 프로축구 경기장은 아저씨들이 주요 관중이었으며, 응원은 치어리더가 주도하고 있었고, 각 구단에서 동원한 회사원이 자리를 메우고 있었다. 치어리더는 앰프를 통해 트로트 음악을 틀어 놓는 등 축구 관람에 집중할 수 없게 만드는 저해요소로 작용하였다. 치어리더 중심의 응원 문화는 야구나 농구, 배구에서도 동일하게 이루어지고 있었다. 이땐 축구장에서 여성 관중을 보기란 힘든 일이었고, 요즘처럼 젊은 층의 관중 역시 많지 않았다.

아저씨들이 주를 이루는 일반 관중은 관중석 맨 뒤편에 가족끼리 모여 앉거나 조기축구회 회원끼리 모여 앉아 삼겹살을 구워 먹으며 소주를 마시는 일이 흔했다. 심지어 경기장에서 소주를 판매했으며, 그로 인해 서로 싸움이 일어나기도 했다. 이렇듯 축구장 분위기는 많지도 않은 관중에 치어리더의 앰프 소리로 축구에 집중하기 힘들었고, 관중석에서는 삼겹살을 굽는 등 어수선하기 짝이 없었다.

제목: 오늘 LG랑 대우가 경기했어요
　　오늘 난생처음 프로축구를 보러 갔습니다. LG 대 대우 경기였지요. 처음으로 프로축구를 본 기분을 말하라고 하면요... 사실, 좀 실망했습니다. 경기가 따분하더군요. 프로축구가 왜 인기가 없는지 피부로 느낄 수 있었습니다.

응원이라도 재미나면 즐거울 텐데, 스피커 볼륨만 실컷 높여놓고, 응원이랄 게 없었어요. 관중석에서는 계속 볼륨 좀 줄여달라고 하는데, 응원 단장은 알겠다고 하곤 똑같이 떠들어댔지요. 매우 짜증 나대요.

축구공 게시판, 윤선이, 1993년 9월 1일.

응원을 보면 그건 축구장에 안 맞거든요! 왜냐하면 맨날 〈아리랑 목동〉 부르잖아요! 응원단 나와서, 치어리더 나와서 '에~'하고 응원단은 뒤에 보고 (…) 동대문운동장도 그렇고, 목동종합운동장도 그렇고, 수원종합운동장 때도 그랬고! 항상 가보면 뒤에서 통닭 먹고, 고기 구워 먹고! 불판, 버너 가지고 와서 가족끼리, 아니면 조기축구회에서 '에헤~ 먹자'하고, 정작 경기는 안 봐요!

저자와 인터뷰 - 정OO, 2005년 7월 18일.

제목: 응원 문화의 부재

프로축구를 보면서 항상 안타깝게 느끼는 점은 관중의 응원 문화가 없다는 것이다. 올해도 그 찢어지는 듯한 앰프 소리를 들어야만 하니… 우리도 외국처럼 관중이 직접 깃발 흔들고 불피리 부는 응원을 언제 볼 수 있을는지…

축구동 게시판, 장정훈, 1995년 3월 25일.

프로축구에 관심을 두고 경기장을 찾았던 '축구동' 회원들은 통신상의 글을 통해 관람 문화에 대해 적잖은 불만을 토로했다.

이러한 글이 1993년 '축구동'이 처음 만들어질 당시부터 서포터즈의 모습을 갖추기 시작한 1995년 초까지 지속해서 올라

## 시대 배경

와, 관람 문화는 한국 축구 발전을 저해하는 요인으로 지목되었다. 이때 '축구동'에서 다룬 축구장 관람 문화의 문제점은 크게 두 가지로 요약된다.

첫 번째는 '관람자 의식'에 관한 문제, 두 번째는 '수동적인 응원 문화'에 관한 문제이다. 이 두 가지 문제를 해결하고자 '축구동'에서는 축구장 '문화개혁운동' 차원에서 1995년 5월 6일 자발적인 단체 응원을 시작한다.

제목: [필독] 단체관람에 즈음하여…
> 드디어… 우리가 겨우내 기다려오던 때가 왔습니다. 경기 내내 일어서서 환호와 박수, 뿔피리, 발 구름 등으로 한국 프로축구의 메카—동대문운동장을 열광의 도가니로 만듭시다. (…) 우리가 단결하고 힘을 모아 조금이라도 축구붐에 일조해 나갑시다. 모든 구단이 경기를 할 때마다 우리 축구동의 현수막과 응원단이 열광해주고, TV화면에도 마구 잡힌다면… 구단이나 축구협회도 평범한 축구팬(축구동)의 제안을 진지하게 검토할 것이고, 우리 축구계의 체질 개선이 조금이라도 이루어질 것입니다.
>
> 축구동 게시판, 오기환, 1995년 5월 1일.

제목: 어제는 한국 축구 100년사에 신기원
> 한국 축구 문화의 새로운 가능성을 예고한 경기. 어제 일화와 유공의 경기를 저는 그렇게 정의 내리고 싶습니다. 특히 90분 내내 한순간도 멈추지 않고 울려 퍼지던 뿔피리 소리, "일화!", "유공!", "황보관!", "샤샤!"를 외치는 함성, TV로 보신 분들도 들으셨죠? 외람된 말이지만 제가 20년

> 넘게 한국 축구를 직접 보고 TV로 지켜봤는데요, 어제처럼 뿔피리 소리가 경기장을 울리고 관중이 흥에 겨워 축구 그 자체를 즐긴 경기는 없었다고 봅니다.
>
> 물론 지금까지 몇몇 경기에서(특히 대표팀) 파도타기 응원을 하고 열광적인 응원도 몇 번 있었지만 응원 도구(깃발, 뿔피리)를 동원한 경기는 처음인 거죠. '축구 응원 문화의 새 시대를 열었다' 이렇게 얘기하고 싶네요. 어제 경기장에서 보신 분들은 느끼셨겠지만 치어리더가 속된 말로 '쪽팔려서' 나중엔 잘 나오지도 않았잖아요. (…) 축구동의 단체 응원은 동호인 모임이 '한 나라의 축구 문화를 변화시킬 수 있다'는 가능성을 보여주었습니다.
>
> 축구동 게시판, 송기룡, 1996년 5월 7일.

'축구동' 회원들의 응원은 경기 흐름에 집중하고 즐길 수 있는 관람 문화인 동시에, 앞서 설명한 축구장 관람 문화의 두 가지 문제점, 즉 '관람자의 의식 문제'와 '수동적인 응원 문화 문제'를 한꺼번에 개선할 방법이기도 하다. 결국, '축구동' 결성 초기부터 지속해서 다루어지던 '축구장 관람 문화 문제점'에 대한 통신상에서의 논의는 '자발적인 단체 응원'이라는 대외 활동으로 이어지면서 서포터즈 출현에 결정적인 역할을 했다.

시대 상황을 정리해 볼 때, 월드컵을 통해 축구에 관심을 두기 시작한 축구팬 중 PC통신을 이용하던 회원들, 특히 하이텔 이용자는 PC통신의 유일한 축구 관련 동호회였던 '축구동' 회원으로 가입하게 되었다. 이들은 한국 축구의 발전에 대한 관심이 컸기 때문에 한국 축구가 안고 있는 다양한 문제—예를 들면 국가대표팀, 프로축구, 언론, 관람 문화 등과 같은 여러 문제점을 공론화하고, 개선점을 구상하는 과정에서 자신들의 역할과 정체성을 찾게 된다. 한국 축구의 발전을 위한 의지를 확인한 '축구동' 회원들은 이후 대외 활동을 활발히 전개해 나가면서 서포터즈로 발전한다.

『붉은악마와 월드컵(이순형, 2005)』에서는 우리나라 서포터즈의 출현 배경을 '축구 경기 평가의 문제', '내용 보도의 문제', 그리고 '축구 응원 문화의 문제' 등 세 가지를 수평적인 수준에서 제시하고 있다. 그러나 서포터즈 출현의 배경은 수평적인 수준이 아니라 상호 연관된 맥락의 과정이었던 것으로 드러났다.

한국 축구에 관심을 두고 있던 축구팬 중 PC통신을 이용한 일부 축구 매니아가 한국 축구의 발전을 위한 방법을 논의하는 과정에서 '축구계 문제'와 '언론 문제', 그리고 '관람 문화의 문제' 등 여러 문제점을 제시하였다. 이러한 문제를 극복하기 위한 방법과 실천 논리를 만들고 행동으로 표출하는 과정에서 서포터즈가 집단으로서 정체성을 형성하게 되었다. 더욱 구체적인 내용은 「서포터즈 정체성 형성 과정(101~120쪽)」에서 설명하도록 하고, 이제부터 우리나라의 서포터즈가 어떻게 집단을 이루며 성장해 나갔는지 그 과정을 알아보자.

# 서포터 용어 및 개념의 확산 과정

구단, 협회, 언론 등과 대외 접촉이 있을 때, 이들 단체에서 '축구동' 회원들을 단순 '응원단'이라 칭했다. 이에 불만을 품은 '축구동' 핵심 구성원은 자신들의 집단적 성격을 대변해 줄 만한 용어에 목말라하던 중 찾아낸 단어가 바로 '서포터'였다.

# 1 서포터즈의 개념

서포터는 자신이 좋아하는 팀 자체에 어떠한 혜택이나 대가 없이, 애정을 쏟아부을 수 있는 마음으로 '열렬히 지지하는 사람'이어야 한다. 그러므로 구단이나 기업 동원에 의해 수동적으로 경기장을 찾는 것이 아닌 자발적으로 찾아와야 한다. 이러한 자부심이 있기 때문에 서포터는 구단에 잘못이 있을 때, 누군가의 간섭이나 눈치를 보지 않고 쓴소리를 과감하게 할 수 있음을 자랑으로 여긴다.

### 연고지 우선
서포터가 순수한 열정을 가지고 자기가 좋아하는 팀을 맹목적으로 응원하는 데 필요한 최고의 논리는 '지역 연고'이다. 자신이 거주하고 있는 지역이나 거주지 인근의 팀, 혹은 자신의 고향 팀을 응원할 때, 가장 순수하게 응원할 수 있다고 서포터는 믿고 있다. 따라서 우리나라 서포터는 부모가 응원하는 지역의 프로축구팀 연간 회원권을 자식에게 선물하고, 열정적인 응원을 대물림하는 모습을 마음속으로 꿈꾼다.

### 서포터의 자질
경기장을 지속해서 찾는 서포터는 선수나 나라 사랑이 아닌, 팀과 축구를 사랑하는 마음으로 경기장을 찾아야 하며, 경기 상황을 자신의 힘으로 읽을 수 있는 능력을 갖추고 있어야 한다. 또한 자신이 좋아하는 프로축구팀 하나를 평생 사랑하고 맹목적으로 지지해야 한다. '선수 팬클럽'과 같이, 특정 선수를 따라다니며 '그 선수가 속한 팀을 바꿔가며 응원하는 방식'은 서포터답지 못한 행동에 속한다.

### 서포터의 성격 변화

서포터가 처음 결성되어 특정 프로팀을 응원하기 시작할 무렵, 소수의 축구 매니아 집단이 주축을 이루었기 때문에 서포터 조직을 만들고 발전 시켜 나가는 데 매우 의욕 있었으며, 구성원이 하나의 성격으로 다 같이 모여 행동하고자 하였다. 초기 서포터는 경기가 끝난 후, 목이 쉬는 것을 당연시하였으며 심지어 그렇지 못한 회원을 구타하는 일까지 있었다.

그러나 조직이 점차 거대해짐에 따라 전반적인 성격이 변화되었다. 1997년과 1998년의 '축구붐'을 거치면서 서포터 수가 증가하는데, 그 대부분은 '신세대 스타' 선수들에 의한 것이었다.● 축구붐이 수그러지는 1999년과 2000년을 겪으면서 서포터 조직은 새로운 경험을 통해 한 단계 성숙하는 계기를 마련하였다. 서포터즈 결성 초기에는 축구 매니아가 전투적으로 활동했다면, 요즘은 누구나 축구장을 찾아 함께 어울려 즐기는 서포터즈로 그 성격이 변화되었고, 자신이 지지하는 팀 유니폼 색상의 상의를 입고 경기장을 찾으면 모두가 같은 서포터로 인정받는다.

그렇지만 서포터즈 조직 내부에는 강경한 집단과 응원 분위기를 즐기는 집단, 선수를 응원하는 팬클럽, 공 차는 것을 즐기는 동호회와 같이 다양한 성격의 집단이 공존하고 있음을 알아

● 국가대표팀은 1994년에 이어 1998년 프랑스 월드컵까지 좋은 성적을 거두지 못했다. 그 여파로 1998년 프로축구 흥행에 큰 타격이 있을 것으로 예상되었으나, 여성팬을 사로잡은 안정환, 고종수, 이동국과 같은 '신세대 스타'의 등장으로 1998년까지 '축구붐'을 이어갈 수 있었다.

야 한다. 이들은 서포터즈 정체성 하위에 각기 다른 집단 정체성을 형성하고 있다.

## 2    서포터즈 비교 개념

우리나라에 존재하지 않았던 서포터즈가 집단 정체성을 찾기 위해서 그리고 자신들의 영역을 명확히 하기 위해서는 비슷한 집단에 대한 개념 설명이 필수다. 따라서 서포터즈가 비교하는 유사 집단으로는 어떠한 것이 있으며, 서포터즈 입장에서 이 집단을 어떻게 정의하고 있는지 살펴보자.

### 응원단
응원단은 구단의 모기업에서 동원한 직원이나 사람들로 구성되며 정해진 좌석에서 치어리더를 앞에 두고 수동적으로 통일된 응원을 한다. 이러한 응원 문화는 배구나 농구, 야구 등 스포츠 종목에서 흔히 볼 수 있는 것으로, 응원단에게는 응원하는 팀의 승패가 크게 상관없으며 혹시나 그날 경기만 이기면 좋은 사람이 대부분이다. 현재는 구단에서 동원한 관중을 축구장에서 보는 일이 쉽지 않지만 서포터즈가 결성된 1990년대만 하더라도 흔한 일이었다.

### 동호회
동호회는 직접 공 차는 것을 즐기는 집단으로 '조기축구회'가 가장 대표적인 예이다. 이들은 축구장을 꾸준히 찾는 우리나라의 오래된 관중으로, 묵묵히 축구를 분석할 뿐, 응원은 하지 않는다. 축구 유니폼을 입고 축구장을 찾기는 하지만 개별적으로 맞춘 유니폼이지 서포터즈와 같은 홈팀의 유니폼을 입는 것은 아니다.

### 팬클럽

팬클럽은 특정 선수를 좋아해서 무조건 긍정적인 평가만을 하는 집단으로 선수나 구단에 대해 비판을 가하지 못한다. 서포터라는 용어가 국내에 도입되기 이전, 구단을 지지하는 서포터도 자신들을 '선수 팬클럽'과 차별된 개념의 '구단 팬클럽'이라 불렀다. 그러나 팬클럽과 서포터즈의 결정적인 차이는 축구계를 비판적인 입장에서 바라보고 발전을 위해 당당히 쓴소리를 할 수 있느냐, 없느냐에 달려 있다. 따라서 서포터즈의 개념을 갖고 있던 '구단 팬클럽'은 자신들 집단의 명칭을 '서포터즈 클럽(Supporters Club)'으로 바꾸게 된다.

### 야구 응원

한국 야구는 기업 주도적이지만, 축구인이 바라는 지역 연고가 일찍부터 정착되었다. 그렇지만 야구의 응원 집단은 특정 선수를 좋아하는 팬클럽 중심이거나 구단에서 조직한 집단●이기 때문에, 구단에 비판적인 목소리를 내지 못한다는 점에서 축구 서포터즈와는 다르다. 야구 응원은 미국에서 건너와 치어리더 중심의 응원이 발달하였고, 축구는 유럽에서 발달하여 지역 연고의 팬들이 자발적인 응원을 한다는 점에서 야구와 차이가 있다.

● 야구에서 응원 단장과 치어리더는 서포터처럼 자발적으로 모인 집단이 아니다.

## 3   서포터 용어 발견 및 개념 형성기

'서포터'라는 용어가 국내에 통용되기 전 우리 사회에서는 '축구팬'이나 '팬클럽' 혹은 '응원단'이라는 용어를 주로 사용했다.

> [월드컵 축구] 국가대표팀 응원단 '붉은악마'
> 『스포츠조선』, 1997년 9월 22일.

> '붉은악마 서포터즈.'
> PC통신의 축구동호회와 프로구단의 팬(클럽)들이
> 힘을 합쳐 만든 응원단의 이름이다. 서포터즈는 단순한
> 응원단이 아닌 동호인으로 구성된 응원단을 가리키는 말.
> 『동아일보』, 1997년 9월 23일.

'붉은악마'의 공식 명칭은 '붉은악마 대한민국 서포터즈 클럽(Red Devil Korea Supporters Club)'이다. 명확히 '서포터즈'라고 밝히고 있음에도 불구하고 『스포츠조선』은 '응원단'으로 표기하고 있으며, 『동아일보』에서는 서포터즈의 개념을 설명하기 위해 다양한 유사 용어를 사용했다.

'축구동'이 추구하는 유럽과 같은 이상적인 축구 문화를 국내에 뿌리내리는 데 기존의 개념인 '응원단', '동호회', '팬클럽' 등으로는 부족하다는 점을 회원 모두 공감하고 있었다. 이를 깨닫게 된 계기는 구단, 협회, 언론 등과 대외 접촉이 있을 때, 이들

단체에서 '축구동' 회원들을 단순 '응원단'이라 칭했기 때문이다. 이에 불만을 품은 '축구동' 핵심 구성원은 자신들의 집단적 성격을 대변해 줄 만한 용어에 목말라하던 중 찾아낸 단어가 바로 '서포터'였다.

처음으로 '서포터즈'라는 용어를 사용하자고 의견을 제시했던 김OO은 고향이 부산으로, 하이텔 '축구동'에는 1994년 겨울에 가입하여 활동을 시작했다. 이후 수원 서포터즈 클럽인 '그랑블루(Grand Bleu)'와 국가대표팀 서포터즈 클럽 '붉은악마' 회원으로 활동했다. 1995년만 하더라도 한국 프로축구에 실망하여 해외 축구 정보를 수집하던 그는 부산에 산다는 지리적인 이점으로 1990년대 초 일본에서 발간되는 축구 잡지,『사커 다이제스트(Soccer Digest)』나『사커 마거진(Soccer Magazine)』을 손쉽게 구할 수 있었다. 잡지를 정기 구독함으로써 그는 축구 선진국과 일본의 상황을 쉽게 접할 수 있었고, 축구에 대한 안목이 높아지게 되었다.

그는 국내에도 축구를 보는 사람을 위한 어떤 문화가 확립되어야 한다는 생각으로 '축구동'의 대외 활동에 적극 동참한다. 당시 '축구동' 핵심 회원들은 그동안의 논의 과정과 개개인의 축구 전문 지식을 통해 서포터즈에 대한 개념은 어느 정도 형성되어 있었다. 그러던 중 때마침 1995년에 일본의 한 잡지에서 '서포터'라는 용어를 발견한다. 일본에서도 J리그 출범과 함께 구단 차원에서 서포터즈를 모집하고 있었던 것이다. 그런데 이 서포터즈는 하나의 집단으로 전체가 같이 움직이는 것이 아니라 3명 이상이 작은 모임을 만들어 구단에 등록하는 '소모임 연합 방식'을 택한다는 점에서, '구단 팬클럽'을 모집하던 우리나라와는 달랐다.

일본의 축구 전문 잡지에서 처음으로 '서포터'란 용어를 접한 그는 다른 자료를 토대로 유럽의 다른 국가도 서포터라는 용어를 사용하고 있음을 확인하고, 이 용어에 대한 검증 작업을 1996년까지 이어갔다.

내부 확산기

김OO은 마음속으로 기존 '팬클럽'이나 '응원단'이란 용어에 대해 반감을 품고 있었다. 그는 수원 삼성의 '윙즈(Wings) 팬클럽' 회원으로 활동하면서 1996시즌 초, 온·오프라인 모임에서 '팬클럽' 대신 '서포터'라는 용어를 사용하자고 제안했다. 그러나 실제로 모임의 명칭을 바꾸는 단계까지는 이어지지 못했다.

1996년 말경, 축구장 오프라인 모임을 중심으로 또다시 이 문제가 대두되었다. '축구동'보단 '윙즈 팬클럽'의 오프라인 모임에서 주로 이루어져, 1997년 1월부터 통신상에 '서포터 클럽'으로 표기하기 시작한다. 다음의 인용문은 1997년 1월 28일 이OO이 작성한 것으로 서포터라는 용어를 사용한 글 중에 가장 오래된 것이다.

제목:[윙즈/모꼬지●] 새로운 서포터 많이 오시길
    제발 이번 윙즈 모꼬지에는 맨날 지겹게 보던 서포터들
    말고 그동안 뵙기 어려운 분, 가입한 지 얼마 안 된 분들이
    많이 오셨으면 좋겠네요. (…) 그동안 사이버윙즈에
    아는 사람이 없어서 모임에 나오기 힘드셨던 분들,
    많은 서포터와 친해지고 싶은 분들, 좀 더 적극적으로
    사이버윙즈 활동에 참여하고 싶었던 분들 모두 시간
    되시면 이번 겨울 모꼬지에 참석하세요.
    축구동 게시판, 1997년 1월 28일.

●   '모꼬지'는 '놀이'나 '잔치'와 같이 여러 사람이 모이는 일을 말한다.

인용에서 서포터란 단어는 글을 읽는 사람이 이해할 것이란 전제가 깔려 있으므로 이 용어가 이미 알려진 상태라고 말할 수 있다. 그러나 이 시기 이전에 김OO이 서포터 용어와 관련해서 '축구동'에 올렸던 통신상의 글은 스스로 삭제한 결과, 자료로 남아있지 않다. 그 당시 상황에 대해 프로축구 응원 문화에 참여했던 이OO이나 박OO 그리고 최OO이 두루 공통된 증언을 하는 것으로 미루어보아 1996년 말부터 이 용어 사용에 대해 내부 논의되고 있었음을 알 수 있다. 그렇지만 실제로 서포터를 인정하고 용어를 공식 사용하여 확산시킨 장본인은 당시 수원의 서포터즈를 주도적으로 이끌었던 이OO이었다.

수원 서포터즈가 처음으로 사용하기 시작한 서포터라는 용어는 1997년 4월 12일, '축구동'에서 '국가대표팀 서포터즈 클럽 모집'을 공고하면서 축구팬 사이에 급격히 퍼져나갔다. 이 사업을 이끌었던 '축구동' 운영진 또한 수원 서포터즈 클럽 소속이었다. 모집 광고 이후 통신상에는 국가대표팀 서포터즈 클럽의 공식 명칭과 애칭을 정하기 위한 논의가 이루어지는데, 다양한 의견을 제시하는 과정에서 PC통신을 이용하는 축구팬에게 서포터라는 용어가 익숙해졌다.

1997년 5월 10일에는 명칭에 대한 투표 결과가 발표되었다. 공식 명칭으로는 '코리아 내셔널 서포터(Korea National Supporter)'와 '그레이트 한국 서포터즈 클럽(Great Hankuk Supporters Club)'이 동률로 가장 높은 득표를 차지했고, 애칭으로는 '도깨비'가 뽑혔다. 그러나 투표 결과에도 불구하고 어떠한 결정을 내리지 못한 채, 몇몇 서포터에 의해 '그레이트 한국 서포터즈 클럽'이 비공식으로 사용되었다. 하지만 일본 국가대표팀 서포터즈 클럽인 '울트라 니뽄(Ultra Nippon)●●'과 비슷하다는 이유로 다시 정하

●● 일본의 명칭을 일본어 발음대로 하면 '니폰(Nipon)' 또는 '니혼'에 가깝다. 이는 응원 시, 발음이 부드럽게 들린다. 그 때문에 일본은 경기장에서 "니뽄!"이라는 강한 발음을 사용한다.

자는 의견이 있어, 8월에 재공모하여 결국 공식 명칭을 '붉은악마 코리아 서포터즈 클럽'으로 정하였다.

이로써 서포터라는 용어는 1996년 말에 논의가 되어 1997년 1월 수원의 서포터즈 클럽 공식 명칭으로 사용되기 시작했다. 1997년 8월에는 '붉은악마'의 공식 명칭에 서포터즈라는 용어가 들어감으로써 '구단 팬클럽' 대신 '서포터즈'로 개념이 대체되었다.

외부 확산기

'국가대표팀 서포터즈 클럽'이 처음으로 응원을 시작하던 1997년 6월 1일 태국과 월드컵 아시아 지역 1차예선부터 MBC 축구 중계 화면을 통해 이들의 모습이 비친다. 이때 신문선 해설위원이 "PC통신 축구동호회 회원들"이라고 직접 소개하였다. 그러나 신문에는 8월 10일 브라질 평가전 응원부터 보도되기 시작했다. 8월 초만 하더라도 '붉은악마'로 명칭이 결정되기 이전이었기 때문에 기자들은 'PC통신 동호회'로 소개하는 데 그쳤다. 다음은 브라질과의 평가전을 기록한 11일 『조선일보』의 신문 기사 내용이다.

> PC통신 축구동호회 회원 150명은 한국 대표팀의 붉은색 유니폼으로 복장을 통일하고 북과 꽹과리를 두드리며 기세를 올렸고, 본부석● 맞은편에선 브라질인 100여 명이 역시 자국 대표팀의 노란 유니폼을 입고 응원에 열을 올렸다.
> 『조선일보』, 1997년 8월 11일.

● 경기장 관중석에서 가장 좋은 등급의 좌석으로, 귀빈과 임원들이 앉을 수 있는 구역을 본부석이락 한다.

PC통신 동호회로 소개되던 국가대표팀 서포터즈는 1997년 8월 말에 '축구동' 내에서 '붉은악마'라는 이름을 정해, 9월 초부터 그 명칭이 신문에 소개되기 시작했다. 다음은 9월 12일에 있었던 우즈베키스탄과의 월드컵 최종예선을 기록한 13일 『조선일보』 신문 기사 내용이다.

> 98 프랑스 월드컵 아시아 지역 최종예선 2차전이 열린 잠실주경기장 관중석에는 한국을 응원하는 구호가 난무, 새로운 볼거리를 제공했다. 국가대표팀을 '축구를 대표하는 붉은악마들'로 묘사한 문구가 있는가 하면 PC통신 동호인이 만든 '신이시여 월드컵 4회 연속 진출의 신화를 도와주소서', '가자! 프랑스로' 등도 눈길을 끌었다.
> 『조선일보』, 1997년 9월 13일.

신문에서는 평소 볼 수 없었던 응원 방식에 관해 관심을 두고 기사화하여 '붉은악마'까지는 소개하고 있지만 '서포터'란 용어는 아직 사용하지 않았다. 그 후, 최초로 사용한 것이 9월 23일 『동아일보』에서 '붉은악마'의 공식 명칭을 소개하면서부터다. 이 기사에서는 서포터즈에 대한 용어 설명까지 곁들였다.(50쪽, 기사 참고) 다음은 24일 『한겨레』에서, 그리고 11월 19일 『조선일보』에서 소개하고 있는 서포터즈의 개념이다.

> 서포터즈란 단순한 관망자로서의 팬클럽 수준을 넘어, 좋아하는 팀과 일체감을 통해 후원과 응원을 보내는 팬들을 가리키는 용어다.
> 『한겨레』, 1997년 9월 24일.

> 일본에서 '팬'이란 말 대신에 '서포터'란 용어를 처음 사용한 것은 '우라와 레즈(Urawa Reds)' 구단이다. 단순히 축구를 즐기는 팬이 아니라 구단을 일으키고 세워준다는 의미를 부여한 것이다.
>
> 『조선일보』, 1997년 11월 19일.

이렇듯, 1997년 9월 말이 되어서야 '서포터'라는 용어가 신문에 소개되어 세상에 알려지기 시작했다. 이 시기에 '붉은악마'를 대대적으로 보도했던 이유는 9월 28일에 있을 일본 원정 경기 때문이었다. 이미 일본에 '울트라 니뽄'이 있다는 사실을 알고 이에 대항할만한 한국의 응원 집단이 필요했던 것이다.

때마침 '붉은악마'가 결성되었고 언론을 통해 빠르게 확산되었다. 더욱이 이 경기에서 극적인 역전승을 거두면서 '붉은악마'는 한국 사회에 축구 응원의 붐을 일으킨다. 그렇지만 '서포터즈'라는 용어보다는 '붉은악마'라는 애칭을 많이 사용함에 따라 '서포터'라는 용어와 의미가 일반인에게 전달되지는 못한 실정이었다.

그 증거로, 1997년 12월까지도 구단에서는 '팬클럽'과 '서포터즈'를 혼용했다는 점을 들 수 있다. 프로구단 부산 대우는 신문광고를 통해 서포터즈를 모집하는데, '서포터즈'와 '팬클럽'이란 단어를 같이 사용했다. 다음은 1997년 12월 20일 『동아일보』와 21일 『조선일보』에 게재된 광고 문구이다.

제목:[프로축구 소식] 부산 대우 응원 팬클럽 모집
프로축구 부산 대우는 응원 팬클럽 '로얄즈 서포터즈'를

모집한다. 다음 달 31일까지 계속될 팬클럽 회원 모집은
선착순 100명으로 제한하며 가입비는 1만 원.

『동아일보』, 1997년 12월 20일.

제목: 부산 대우, 팬클럽 회원 모집
프로축구 부산 대우는 20일부터 팬클럽 '로얄즈 서포터즈'
회원 모집을 시작했다.

『조선일보』, 1997년 12월 21일.

1997년은 서포터에 대한 개념이 축구계에 소개되는 시기라고 해도 과언이 아닐 것이다. PC통신의 축구팬에 의해 사용되기 시작한 서포터라는 용어는 '붉은악마'를 통해 언론과 구단, 그리고 협회에 소개되기에 이른다. 또한 그동안 서포터즈를 결성하지 못했던 구단 팬들도 수원 서포터즈의 성공을 모델 삼아 1998년 초 즈음에 서포터즈를 결성, 구단 직원까지 서포터즈에 대한 존재와 용어를 알게 되었다.

8월 16일 잠실주경기장에서 있었던 프로축구 올스타전에는 모든 구단의 서포터즈가 경기의 구성원으로 참여하기에 이른다. 이는 곧 우리나라 축구계 전반에 서포터즈의 개념과 용어가 알려진 것을 의미한다. 당시 신문 기사 내용을 통해 상황을 확인할 수 있다.

양 팀의 각 서포터 3,000여 명이 경기 시작 2시간
전부터 뜨거운 응원전을 펼쳤다. 해병의장대의 시범과
치어리더의 축하 공연으로 경기장은 서서히 달아올랐다.
잠실주경기장 주변은 휴일임에도 프로축구 올스타전을

> 보러 온 팬들로 이미 심한 교통체증을 겪고 있었다.
> 마침내 축포와 불꽃 사이로 10개 구단 깃발이 입장했다.
> 국제축구연맹 찬가가 울려 퍼지고 각 팀 서포터들이
> 경기장 한가운데로 나와 깃발을 흔들며 붉은악마 테마송
> 〈최강의 꿈〉을 부르자 분위기는 절정에 올랐다.
> 『조선일보』, 1998년 8월 17일.

1997년 동안 스포츠 기자가 서포터즈에 대해 인식하기 시작하면서 1998년부턴 기사에 가끔 '서포터'라는 용어가 등장한다.

여기에는 '창단 3년 만에 우승'과 '2년 연속 리그 우승'을 일궈낸 수원 삼성의 역할이 컸다. 우리나라에서 가장 먼저 서포터즈를 만들고 가장 많은 회원을 보유한 수원 삼성이 K리그에서 우승하자, 신문에서는 우승 비결을 분석하여 내놓았는데 그 기사 내용에 항상 '서포터즈'라는 용어가 포함되어 있었다. 다음의 신문 기사 내용을 통해 당시 수원 서포터즈의 규모와 분위기를 짐작할 수 있다.

> 수원 삼성 서포터즈의 열렬한 응원도 정상 등극의 큰
> 힘이 됐다. 회원 수가 2,000명이 넘는 수원 삼성 블루윙즈
> 서포터즈는 국내 최대 규모로, 수원 삼성의 경기가 있으면
> 때와 장소를 가리지 않고 관중석에 나타나 선수들의 기를
> 살렸다.
> 『동아일보』, 1998년 11월 1일.

> 2,000여 명이 넘는 서포터의 성원도 수원이 최상의
> 전력을 갖추는 데 일익이 됐다.
> 『조선일보』, 1999년 5월 25일.

> 3,000여 수원 서포터들은 완전히 열광 상태였다.
>
> 『조선일보』, 1997년 7월 8일.

> 수원 서포터즈 클럽 '그랑블루'는 7,000여 명으로 10개 구단 중 최다.
>
> 『조선일보』, 1999년 11월 1일.

이상을 정리해 볼 때, 서포터라는 용어는 PC통신 회원 사이에 전파되었으며, 언론 소개와 조직 결성을 통해 축구계 전반에 소개되는 과정을 거쳐 계속해서 우리 사회로 퍼져나갔다. 그러던 중, 2002년 한·일 월드컵을 계기로 '붉은악마'를 통해 다시 한번 확산기를 맞이한 이후 현재에 이르고 있다. 그럼에도 불구하고 아쉬운 점은 모든 국민이 '붉은악마'라는 단어를 쉽게 인식하는 것에 반해 축구 '서포터즈'라는 단어는 아직도 모르는 사람이 많다는 것이다.

# 서포터 조직의 분화 및 확장 과정

국내 서포터 조직이 하이텔 '축구동호회'에서부터 현재까지 어떠한 과정을 거치면서 조직 분화를 이루어 왔는지, '집단 정체성의 변화'에 초점을 두고 살펴보자. 서포터즈의 정체성은 조직의 '변화'에 영향을 주기도 하지만 '분화'에 의해 영향을 받기도 한다.

# 1  하이텔 축구동호회의 시작

1991년에 하이텔이 통신 서비스를 시작하면서 통신 내에는 각종 동호회 모임이 만들어지기 시작했다. 당시 이용자는 컴퓨터를 전공하는 대학생이 대부분이었기 때문에 컴퓨터 관련 동호회가 많았다. 1993년 초까지 스포츠 관련 동호회는 레저-스포츠와 관련해서 1~2개 종목의 스포츠만이 동호회로 인정받아 활동하고 있었다. 자체 게시판이 없는 스포츠 종목의 팬들은 '스포츠 게시판'을 공동으로 이용했다. 이러한 상황에서 일부 축구팬과 야구팬에 의해 따로 동호회를 만들자는 의견이 나왔고, 축구팬은 1993년 2월 22일부터 가개설 준비를 시작한다.

하이텔 내에 동호회를 발족하기 위해서는 20명 이상의 명단과 회칙, 그리고 회장이 있어야 하므로 발기인 모집이 선행되어야 했다. 이때 하이텔에서는 1년 중 3월과 10월 두 차례만 동호회 게시판 개설을 해주고 있어, 3월을 목표로 발기인을 모집했으나 같은 달 하이텔 직원의 파업 사태가 일어나 10월이 되어서야 동호회 게시판을 개설할 수 있었다.

3월경, 게시판 개설에 실패한 축구팬과 야구팬은 '스포츠 게시판'에 '축구동'과 '야구동'으로 말머리●를 달아 글을 썼는데, 올라오는 글의 수가 많아 다른 종목의 팬이 하이텔 측에 항의하게 된다. 결국 하이텔에서는 정식 동호회도, 임시 동호회도 아닌 이용자가 마치 동호회인 것처럼 말머리를 다는 것에 대해 자제해 달라는 공지를 올린다. 상황이 이렇게 되자, 마음껏 글을 올

● 말머리는 이야기를 할 때, 끌고 나가고자 하는 방향을 말한다. 인터넷 게시판에서의 '말머리'는 제목 중에서도 [대괄호] 안에 묶어 표시한 것을 말한다.

릴 공간을 찾던 축구팬은 6월 1일부터 '고전게임 동호회'에서 활동을 시작한다. '고전게임 동호회'와 더부살이를 하던 축구팬은 10월 8일이 되어서야 마침내 임시 동호회로 그들만의 게시판을 마련하게 된다.

통신상에 모인 초기의 하이텔 '축구동' 회원은 단지 축구가 좋아서 게시판을 찾았고, 이곳에서 축구와 관련된 정보를 공유하며 친목을 다졌다. 따라서 초기 '축구동' 회원의 정체성은 단순 '축구가 좋아서 모인 PC통신 이용자'로 볼 수 있다.

### 서포터즈 내 축구팀

'축구동'에서는 축구를 보고 정보를 공유하는 데에만 그치지 않고 조기축구회처럼 직접 축구를 하는 팀을 결성한다. 이들이 자체 결성한 축구팀은 'FC 2002'인데, 2002년 월드컵을 한국에서 개최하자는 의미에서 이름을 지었다. 'FC 2002'는 1993년 5월 모집하여 7월부터 활동을 시작하였고, 계속해서 '축구동' 내에 있다가 2000년 9월 자체 홈페이지 개설로 분리되어 'FC 에네호벤●'이란 이름으로 그들만의 활동을 계속하고 있다.

'FC 2002' 외, 1996년부터 '축구동'에서 분화된 각 구단의 서포터즈 조직에서도 자체적으로 축구팀을 만들어 현재까지 운영되는 경우를 쉽게 찾아볼 수 있다.

---

● 스페인어로 '에네'는 영어의 N, 즉 인터넷 네트워크(Network)를 뜻하고 호벤(Joven)은 젊은이를 뜻한다. 즉 에네호벤은 '네트워크에서 모인 젊은이들'을 말한다.

## 2   초기의 구단 팬클럽

서포터즈와 개념이 비슷한 '구단 팬클럽'은 '축구동' 게시판이 개설된 후, 1993년 11월에 포항제철의 팬이었던 한 회원이 '아톰즈맨(Atoms Man)'이라는 '구단 팬클럽'을 만들려는 노력에서 시작되었다.

'축구동'에서는 12월 22일에 '구단 팬클럽' 모임을 결성한다는 글을 발표한다. 여기에 정식으로 회원 모집을 광고한 '구단 팬클럽'은 포항제철의 '포스코(POSCO)'였다. 처음으로 시도된 구단 팬클럽 모집은 '축구동'의 회원이 많지 않아 활성화되지 못했지만 자율적으로 조직하고자 했던 시도 자체는 참신했고, 이후 '구단 팬클럽' 형성에 영향을 미친 것으로 보인다.

1995년으로 접어들면서 '축구동'에서는 유공 코끼리 구단과 접촉을 시도하여 응원 협조를 약속받음으로써 동호회 차원에서 유공을 응원하게 된다. 유공을 응원한 '축구동'은 '아톰즈맨' 구단 팬클럽처럼 조직을 결성하지 않은 채, 1995년 5월 6일 유공을 향해 요즘 서포터즈와 같은 응원을 시작한다. 이것이 우리나라 최초의 '자발적인 유럽식 축구 응원'이다.

이렇게 시작된 '축구동'의 응원은 내부적으로 '유공의 진정한 팬으로 형성된 것이 아니라는 한계'와 '자발적인 조직으로 결성되지 못했다는 한계'를 갖는다. 즉, 자신이 마음속으로 지지하는 팀이 따로 있음에도 불구하고 어떻게든 새로운 응원 문화를 정착시키고자 했던 의도로 유공 응원에 동참했던 것이다. 실제로 '축구동'은 유공만을 응원한 것이 아니라 다른 팀하고 번갈아 가며 응원하는 모습을 보였다.

그 결과, 이들은 유공 구단에서 조직한 '구단 팬클럽'에 가입하였을 뿐, 끝내 자체적으로 조직화하지 못했다. 단지 '축구동' 회원 중 경기장을 찾는 사람이 모여 단체 응원을 하는 수준에 머물렀다. 따라서 유공을 응원하던 구성원 대부분이 1995년 12월 16일 송년회 이후, '축구동' 내에서 자발적으로 결성된 수원 삼성의 구단 팬클럽 '윙즈'로 가입하게 된다.

1995년 8월에는 서울을 연고로 두고 있던 LG의 '구단 팬클럽'이 만들어지기는 했으나 회원 수도 적었고, LG 구단이 1996년 안양으로 연고지를 옮기게 되어 그 맥이 끊겼다. 그즈음에 몇몇 팀의 팬들이 자발적으로 '구단 팬클럽'을 만들고자 노력했지만 소모임에 그쳤을 뿐, 체계를 갖춘 서포터 조직으로 발전하지 못했다.

'축구동'은 1995년 말까지 몇몇 소모임—예를 들면 자체 축구팀인 'FC 하이텔●', 황선홍 팬클럽 '황새', 그리고 몇몇 군소 '구단 팬클럽'이 있기는 했으나 단순히 하이텔 '축구동호회'로서 정체성만이 존재할 뿐, 다른 조직으로 인식되는 모임은 생기지 않았다.

동호회로서 정체성을 가지던 '축구동'의 핵심 회원들은 2년 동안 통신상에서 틀을 갖추었던 '축구 발전의 논리'를 바탕으로 자발적인 응원과 수많은 대외 활동을 시작한 인물이다. 그들은 이후 우리나라 서포터 조직의 탄생과 확산에 지대한 공헌을 하게 된다. '축구동'의 초대 회장이었던 최OO은 이 당시 회원을 1세대로 분류하며 서포터 조직의 확산 과정에 그들이 어느 정도 기여했는지를 증언해주고 있다.

● 1995년 7월 'FC 2002'에서 이름 변경.

> 1세대 같은 경우는 저만해도 전북 정도를 제외하고는 어디를 가더라도 "형님 오셨어요!"하고 알아주는 애들이 있어요. 그 애들이 또 "형 자료 좀 올려줘! 글 좀 써줘!" 그러다 보면 거기 홈페이지에 들어가기 위해서 다 가입을 해야 하니까, 이게 전국구가 되어버린 거예요.
> 저자와 인터뷰 - 최OO, 2005년 9월 11일.

소위 1세대는 대부분 '붉은악마' 결성의 초대 구성원으로 활동하였다. '붉은악마'를 통해 서포터즈를 접한 2세대 신입 회원이 각 구단의 서포터즈를 결성할 당시 1세대의 도움을 받게 되므로, '축구동'의 1세대는 우리나라 서포터 조직 형성과 확산에 영향을 끼쳤다고 볼 수 있다. 또한 1995년 말까지 '축구동'에서 활발히 활동한 이들은 '한국의 축구 문화를 선도하는 축구동 회원'으로서 집단 정체성을 형성하였다.

# 3  서포터즈 조직의 탄생

지난 2년여 동안 하나의 조직으로 함께해 온 하이텔 '축구동'은 1995년 12월에 이르러 그 내부 소모임인 수원 삼성 구단 팬클럽 '윙즈'가 결성되어 새로운 변화를 맞이한다. 당시 '축구동' 내에 '윙즈 팬클럽'이 만들어지게 된 데에는 수원 구단의 지원을 무시할 수 없다. 수원은 차범근 선수를 독일에서 뛰게 만든 장본인이었던 독일 교포—유성규 씨를 초대 단장으로 영입했고, 축구팬의 자발적인 응원을 돕고자 당시 유공을 응원하고 있던 '축구동'에 지원을 약속했다.

1995년 12월 16일 '축구동' 송년 모임에 당시 수원 삼성 직원으로 있던 이호승 대리를 초청해 앞으로의 사업 구상을 듣는 자리를 마련하였다. 이 자리에서 이호승 대리는 "축구 선진국 방식으로 구단이 운영될 것"이라며, "유럽 스타일의 응원을 적극 돕겠다"는 설명을 덧붙였다. 그동안 유럽식 응원을 꿈꿔오던 '축구동' 회원에게는 이 '송년 모임 설명회'가 고무적인 사건으로 인식되었다. 송년회 이후 그동안 동대문운동장에서 유공을 응원하던 대부분의 '축구동' 회원이 수원을 응원하기로 마음먹고, '축구동' 내에 구단 팬클럽 조직인 '윙즈 팬클럽'을 만들어, 12월 24일에 7명으로 구성된 조직 명단을 게시판에 공개하기에 이른다.

'윙즈 팬클럽'은 처음 만들어질 당시 '축구동' 내 소모임으로 시작하였다. 그러나 1996시즌 동안 수원 삼성의 지원과 '윙즈 팬클럽'의 맏형이었던 최OO의 적극적인 활동으로, PC통신 이용

**서포터 조직의 분화 및 확장 과정**

자를 뜻하는 '사이버 윙즈'와 기타 오프라인 모임이 연합하는 방식으로 우리나라 최초의 '연합 서포터즈 클럽'으로 발전하였다. 다시 말해, '축구동' 회원으로 시작한 '윙즈 팬클럽'은 팀 창단 첫해인 1996년 동안 조직 규모가 커져 '축구동' 내에서 가장 큰 조직으로 성장했다. 1997년 1월부터 모임 자체를 '서포터즈 클럽'이라 칭하였으며, 1999년에는 프랑스 영화 〈그랑블루(Le Grand Bleu, 1988)〉에서 명칭을 가져와 지금까지 그대로 이어지고 있다.● 다음 글은 '그랑블루' 충북 소모임 홈페이지에서 인용한 것으로 당시의 상황을 잘 설명하고 있다.

> 1995년 여름 무렵 삼성 기업이 프로축구단 창단을 언론에 발표했다. 같은해 겨울 PC통신 하이텔 '축구동'의 송년회에서 여러 가지 일이 있었는데, 이 중 하나가 수원 삼성의 이호승 과장(당시 대리)이 참석하여 부천 유공을 응원하던 '동대문'파에게 수원 삼성의 구단 분위기를 전하면서 시작되었다.
>
> 이듬해 수원에서도 동대문운동장에서 그랬던 것처럼 유럽 스타일의 응원을 시도해 보자는 것으로 의견을 모았다. 그리고 시작된 1996시즌, 수원의 서포터즈는 PC통신 하이텔에서 모인 통신인만 있던 것이 아니었다. 수원의 여러 중·고등학생이 자생적으로 만든 '청익', '센슈얼 아베', '어피너티(Affinity)' 등이 PC통신에서 만들어진 '사이버 윙즈'와의 연합 응원에 찬동하여 거대한 서포터즈가 만들어졌다.
>
> 그랑블루 충북 소모임 홈페이지, 날짜 미상.

● 현재 '그랑블루'라는 이름은 수원 삼성의 홈 경기장을 찾는 모든 관중의 명칭이 되었고, 골대 뒤편에서 응원하는 서포터즈의 이름은 '프렌테 트리콜로(Frente Tricolor)'로 변경되었다.

1995년 동대문운동장에서 유공을 응원하면서 시작되었던 자발적인 유럽식 응원은 '축구동' 회원이 만든 '윙즈 팬클럽'에서도 이어졌다. 동대문에서 응원 경험과 '그랑블루' 1대 회장이었던 최OO의 노력, 구단의 지원, 팀 성적, 창단 효과, PC통신 이용자의 급격한 증가 등, 상황이 동시에 어우러져 회원 수를 안정적으로 확보해 나아갔다. 더하여 '윙즈 팬클럽'은 하이텔 '축구동' 회원들의 주도로 여러 소모임과 연합하여 조직 규모를 더욱 확대해 유럽식 응원을 정착시킬 수 있었다. 반면 유공을 대상으로 유럽식 응원을 최초로 시도하였던 '축구동'은 대부분의 회원이 '윙즈 팬클럽'으로 빠져나감에 따라 인원 부족으로 응원을 이어가는데 어려움을 겪게 된다.

 이때 '축구동'에서는 '윙즈 팬클럽'이 성장함에 따라 '축구동 회원으로 소속감을 느끼는 집단'과 '윙즈 팬클럽으로 소속감을 느끼는 집단'이 공존하는 상황에 맞닥뜨린다. 이로써 이들은 대외적으로 유럽식 응원을 추구하는 응원 집단으로서 공통의 정체성을 가지고 있었으나, 내부적으로는 서로 다른 팀을 응원하는 집단의 정체성 또한 가지게 되었다.

 '윙즈 팬클럽'이 성공을 거두자 1996년 '부산 대우를 지지하는 모임'과 '포항을 지지하는 모임'이 만들어졌으며, 이듬해에는 '안양 LG를 지지하는 모임'이 만들어졌다. 이들은 겉으로 보기에 서로 다른 모임처럼 보이지만 실제로는 하이텔 '축구동'에서 함께 활동해 서로 잘 알고 있으며, 그동안의 유럽식 축구 문화를 국내에 정착시키겠다는 의식을 공유하고 있던 사람들이다.

 따라서 1996년은 하나의 '축구동'에서 구단별로 조직이 분화되는 원년으로 보아야 옳다. 1995년에 있었던 유공 응원을 시초로 볼 수 있으나 아직은 '축구동'의 단일 차원이었기 때문에 이를 정체성의 분화로 보기 어렵다. 1997년 3월 25일 '축구동'에서 발표한 내부 모임 현황을 보면 '선수 팬클럽'으로 등록 3개 모임, 미등록 3개 모임, '구단 팬클럽'으로 등록 3개 모임, 미등록 2개 모임, 조기축구회 부류 모임만 5개 모임이 있었다. 그 외에도 다른 성격의 소모임이 미등록으로 3개가 더 있었다. 이를 통해 우리는 '축구동' 조직이 1996년을 기점으로 서서히 분화되고 있음을 알 수 있다.

1997년 1월부터는 수원 '윙즈 팬클럽'에서 처음으로 구단을 지지하는 사람들에 대한 명칭이 '팬(Fan)'이라는 용어 대신 '서포터'라는 용어를 사용했다. 그 때문에 이들의 공식 명칭을 이 시기 이후부터 개인을 말할 때는 '서포터'로, 조직이나 복수의 인원을 말할 땐 '서포터즈'로 표현하게 되었다.

## 4 '붉은악마'의 탄생

앞선 글에서 프로축구 각 구단 서포터즈의 탄생 초기만 보아도 1997년은 우리나라 서포터즈 분화의 결정적 시기로 기록되기 충분하다. 여기에 더하여 같은 해, '붉은악마'가 만들어졌다. 그러면 이제 '국가대표팀 서포터즈 모임'이 어떻게 만들어지고 발전하였는지 자세히 살펴보도록 하자.

1997년 4월 12일에 '축구동' 게시판을 통해 한국 국가대표팀의 서포터즈 모임을 조직한다는 계획을 발표하였다. 이후 '축구동' 회원들은 국가대표팀 서포터즈의 공식 명칭과 애칭에 대한 의견을 제시하였고, 발기인 또한 모집하기 시작했다. 4월부터 시작된 이들의 조직화 움직임은 6월 1일 잠실주경기장에서 있었던 태국과의 월드컵 아시아 지역 1차예선에서 공식 모임이 이루어졌다. 여기에는 하이텔 '축구동'뿐만 아니라 각 통신사를 이용하는 축구 관련 동호회 회원들, 그리고 수원, 안양 서포터즈 등 약 80명 정도가 모여 각자 준비한 붉은 옷을 입고 응원에 참여했다.

4월부터 8월까지 국가대표팀 서포터즈 명칭에 대한 논의가 지속해서 이루어졌는데, 한동안 '그레이트 한국 서포터즈 클럽'이라 부르게 되었다. 그러나 명칭을 바꾸자는 의견이 있어 8월 12일에 재공모했다. 다양한 의견이 제시된 끝에 결국 수원 서포터즈를 이끌고 있던 이OO가 그동안 제시된 이름 중 '붉은악마'가 가장 좋다는 내용의 글과 함께 '붉은악마'로 결정하자는 제안을 하게 되고, 많은 회원이 여기에 찬성하여 1997년 8월에 '붉은악마'라는 국가대표팀 서포터즈 명칭이 탄생한다. 또한 9월 초 '붉은악마' 초대 회장으로 신인철 씨가 추대되었다. 신인철 씨는 '축구동'의 회원이면서, 수원 서포터즈 소속으로 국가대표팀의 원정 응원까지 갈 수 있는 조건을 갖춘 인물이었다. 이렇듯 '붉은악마' 결성의 배후에는 수원 서포터즈의 역할이 있었다.

명칭과 회장을 정함으로써 조직의 모습을 갖춘 '붉은악마'는 9월 28일에 있을 일본 원정 응원을 준비, 총 60여 명이 원정길에 올랐다. '붉은악마'는 일본으로 떠나기 전에 이미 9월 13일부터 『조선일보』, 22일 『스포츠조선』과 『중앙일보』, 23일 『동아일보』, 24일 『한겨레』 등에 자세히 소개되어 국민에게 관심을 받기 시작했다. 이렇게 언론을 통해 국민의 기대를 받고 일본으로 떠난 '붉은악마'는 '코카콜라 응원단'과 '풍물패', '연예인 축구단', '김흥국 응원단' 그리고 재일교포 및 유학생과 어울려 응원을 마치고 29일 귀국했다.

이날 경기에서 한국이 2:1로 극적인 역전승을 거두자 각종 언론에서는 '붉은악마'를 추켜세워 일반인에게 알려지기 시작했다. 또한 당시 MBC의 신문선 해설위원이 방송 중 '붉은악마'를 직접 소개했던 것도 도움이 되었다. 신문선 해설위원은 1995년 8월 13일 '축구동' 주최 세미나에서 초청 강연을 하는 등 '축구동'과 좋은 관계를 유지했다.

1997년 9월 28일 일본 원정 경기 승리는 '붉은악마'에 있어, 그리고 한국 서포터즈 역사에 있어 잊지 못할 큰 사건으로 기록된다. 당시 '축구동'의 회원가입 상황을 두고 당시 운영진으로 있던 최OO은 다음과 같이 증언하고 있다.

> 그때까지만 하더라도 회원 수가 하이텔 축구동호회 같은 경우에는 2,000명이 채 안 됐어요. 그리고 나우누리 같은 경우에는 몇백 명 정도였고요. 그런데 9월 28일 도쿄대첩●에서 해설을 맡은 신문선 선생님께서 '붉은악마' 탄생이 PC통신 '축구동호회'가 근간이 되어 만들어졌다는 것까지 이야기해주셨어요. 신문선 선생님이 엄청나게 홍보해주신 거죠! (…) 그때 경기 끝나고 돌아와 보니까 회원가입이 1,000명이 밀려 있는 거야! 하루 사이에! 2박 3일 비웠는데, 회원가입 수 2,000명! 그다음부터 하루에 막 2~300명씩 계속 들어와요. 한 달 동안 하루에 100명씩 처리를 하는데, 200명씩 가입해 들어오니깐 그냥 어쩔 줄 몰라…
>
> 저자와 인터뷰 - 최○○, 2005년 9월 11일.

일본 원정 응원 이후, '붉은악마'는 11월 1일 잠실주경기장에서 또 한차례 한일전을 응원하면서 '붉은악마 신드롬(Syndrome)'이라 표현할 정도로 큰 인기를 얻었고, 국민의 관심은 곧 회원 증가로 이어졌다.

'축구동'을 통해 PC통신 연합으로 결성되었던 국가대표팀 서포터즈 '붉은악마'는 1996년 수원 서포터즈 탄생으로 촉발되었던 타 구단 서포터즈 이외의 새로운 서포터즈 조직으로 정착한다. 붉은악마의 성공을 단순히 국가대표팀 서포터즈의 조직 확대로만 평가해서는 안 될 일이다. PC통신을 통해 '붉은악마'로 가입한 회원들은 활동을 통해 '구단 서포터즈'를 결성하는 데 직접 나섰기 때문이다. 따라서 1997년 '붉은악마'의 성공은 우리나라 서포터즈 역사에 남을 만한 사건으로 평가할 수 있다.

● 1997년 9월 28일에 있었던 1998년 프랑스 월드컵 아시아 지역 최종예선, 일본 원정에서 극적인 역전승을 거둔 경기를 '도쿄대첩'으로 부른다.

이와 관련한 논문, 「스포츠 매니아의 확산 과정에 관한 연구(김석희, 2002)」, 「청소년 축구매니아 연구(김석희·김정명, 2003)」에서는 프로축구 서포터즈를 축구 매니아로 분류하고, 젊은 축구팬이 '붉은악마'를 통해 서포터즈로 가입하여 축구 매니아가 계속해서 양산되는 과정을 밝히고 있다. 실제로 4년 주기의 월드컵 시기마다 '붉은악마' 회원이 많아지며, 이를 통해 각 구단의 서포터즈 역시 증가한다. '축구동' 시절인 1994년과 '붉은악마' 시절인 1998년, 2002년에 우리나라의 서포터즈 인구가 급격히 늘어난 경향이 있다.

'축구동' 회원들이 처음으로 시작한 자발적인 유럽식 응원은 수원의 '윙즈 팬클럽'이 1996년 조직화에 성공하며 그 계보를 안정감 있게 이어갈 수 있었다. 1997년에 '윙즈 팬클럽'이 '구단 서포터즈 클럽'으로 발전하고, '수원 서포터즈'가 국가대표팀 서포터즈 '붉은악마' 결성에 크게 기여함으로써, 유럽식 응원은 우리나라 축구 문화에 확실하게 뿌리내렸다. 이러한 과정을 거치며 성장한 서포터즈는 실제로 '축구동' 몇몇 핵심 구성원에 의해 확대해 나아갔다. 또한 수원 서포터즈는 안양 서포터즈와 힘을 합쳐 '붉은악마' 조직을 성공적으로 이끌었다. 중요한 점은 이 모든 주축 세력이 '축구동'의 회원라는 사실이다.

1995년까지 단일체였던 '축구동'은 각 구단 서포터즈와 '붉은악마'의 결성으로 계속해서 분화하는 길을 걷게 된다. '축구동' 가입이 오래된 회원은 동호회 정체성을 가지고 있는 반면에 1996년부터 가입한 회원은 자신이 좋아서 가입한 '구단 서포터즈'나 '붉은악마'에 더 큰 애착을 가지며 다양한 정체성을 형성하였다. 특히 1997년 '붉은악마' 탄생 이후 가입한 회원 대부분은 국가대표팀 서포터로서 정체성을 갖게 되었다.

# 5     구단 서포터즈의 분화

수원 '윙즈 팬클럽'이 만들어지고 차례로 부산과 포항의 구단 팬클럽이 결성되었다. 1997년에는 안양 서포터즈 결성을 시작으로 다른 구단의 서포터즈도 계속해서 뒤이어 만들어졌다. 각 구단의 서포터즈는 '축구동'에서 유럽식 응원 경험을 쌓은 회원들이 중심이 되었으며, 지지하는 구단이 다르더라도 가족처럼 도우며 좋은 유대관계를 유지했다.

1998년 프랑스 월드컵에서 국가대표팀은 비록 1승도 거두지 못한 채 16강 진출에 실패하였지만, 프로축구는 중흥기로 불리며 관중 동원에 성공한다. 그 당시 서포터즈 상황이 『동아일보』 기사에 잘 표현되어 있다.

> '축구가 없으면 못 산다'는 열성 축구팬을 주축으로 프로축구 10개 구단의 팬클럽 응원단이 탄생하면서 축구붐이 급속하게 일고 있다.
> 지난달 18일 막을 올린 프로축구 정규리그, 98현대컵 코리안리그가 한 경기 평균 1만 2,000여 명의 관중을 끌어모으며 폭발적인 인기를 누리고 있는 것이나, 16일 벌어진 98올스타전이 사상 최다인 6만 2,000여 명의 관중을 끌어모은 원동력은 바로 각 구단의 팬클럽 응원단이 붐을 일으켰기 때문.
> 현재 10개 구단에는 빠짐없이 팬클럽 응원단이

구성돼 있다. 레드치타스(안양), 헤르메스(부천),
위너드래곤즈(전남), 사커레전드(대전),
퍼펙트디노(전북), 일레븐플러스(성남),
서포터(수원), 로얄패밀리(대우), 서포터즈(울산),
포항스틸러스서포터(포항) 등이 바로 그것.

『동아일보』, 1998년 8월 17일.

1998년 모든 구단에 결성된 서포터즈는 프로축구가 큰 인기를 끌면서 안정된 회원 수로 정착해 나아갔다. 하지만 PC통신을 통해 조직을 결성하고 활동을 전개해 나가던 하이텔 '축구동'과 기타 통신사의 '서포터즈'는 1998년부터 시작된 '초고속 인터넷 서비스'의 여파로 서포터즈별로 인터넷 홈페이지를 만들어 활동함과 동시에 서로 다른 길을 걷기 시작하였다.

그동안 대부분의 서포터즈는 PC통신 이용자였기 때문에 몇 안 되는 통신 서비스 내에 동호회를 만들어 놓고 서로 교류할 수 있는 상황이었다. 그러나 인터넷 시대와 더불어 수없이 많은 '카페'와 '홈페이지'가 만들어지면서 서로의 소식이나 친분을 쌓을 공동의 공간을 잃게 되었다.

또한, 2002년 이후 각 구단 서포터즈도 더욱 세분화된다. 예전에 '축구동'에서 각 구단 서포터즈로 분화되듯이, 이제는 각 구단 서포터즈에서 세부적인 '소모임'으로 분화되는 과정을 겪는다. 초기의 구단 서포터즈는 대부분의 권한을 운영진이 가지고 조직을 이끌었다면 소모임 체제는 권한 자체가 '소모임'에 있다. 다만 큰 행사를 위해서나 각 소모임 간의 조율을 위해 운영진이 존재할 뿐이다. 2002년 이전에도 구단 서포터즈 내에도 소모임은 항상 있어왔다. 이땐, 이들의 연합 방식으로 구단 서포터즈가 운영되었으나 그 권한은 주로 운영진 쪽에 있었다. 지금처럼 조직의 핵심 운영 주체가 소모임이 되는 방식은 2002년이 지나 나타난 현상이다.

1998년까지 서포터즈는 같은 'PC통신 이용자로서 정체성'과 더불어 '대한민국 서포터즈 문화 개척자로서 정체성'이 강했다. 따라서 우리나라의 모든 서포터즈는 '대한민국 서포터라는 공통된 정체성'을 가지고 활동해 나갈 수 있었다. 이러한 정체성은 다음 인용에 잘 나타나 있다.

> 대한민국의 서포터 문화를 만들어가고 있는 10개 구단 동료 서포터와 수원 삼성 구단 관계자 여러분에게도 진심으로 감사드립니다.
> 『서포터즈 가이드북 1999』, 124쪽.

수원 삼성의 『서포터즈 가이드북 1999』는 수원 서포터즈에서 1998년 프로축구의 부흥을 통해 들어온 신입 회원에게 서포터즈를 소개하기 위해 만든 책자이다. 맨 마지막 쪽에 이와 같은 글귀가 쓰여 있다는 사실만으로도 '대한민국 서포터즈로서의 집단 정체성'을 짐작할 수 있다.

각 구단의 서포터즈는 신입 회원이 증가하면서 '축구동 회원으로서 정체성'이나 '대한민국 서포터즈로서 정체성'을 형성하기보다는 오히려 '자신이 지지하는 구단 서포터즈로서의 정체성'이 더 중요해졌다. 여기에 각자 인터넷 홈페이지로 활동 공간을 옮겨 '구단 서포터즈로서 정체성'이 더욱 강화되었다. 그나마 2002년까지는 월드컵 준비를 위해 서로 돕는 분위기를 유지할 수 있었으나 월드컵 이후에는 모든 구단의 서포터즈가 뿔뿔이

흩어지게 되고, '붉은악마'도 구단 서포터즈 연합에서 분리 운영되면서 더는 구단의 서포터즈가 '붉은악마'와 공동으로 응원하지 않게 되었다.

구단 서포터즈는 자신이 진정한 축구팬이라 자부하고, 골수팬으로서 국가대표팀 경기보다 프로팀 경기가 더 가치 있다고 주장한다. 그들은 국가대표팀 서포터즈를 "대표팀 경기에만 신경을 쓰며 '축구 사랑'이 아닌 '내셔널리즘(Nationalism)'에 의해 축구장을 찾는다"는 논리를 펼친다. '붉은악마'와 '구단 서포터즈'가 분리되는 과정은 『축구 서포터즈 그리고 붉은악마(신동민, 2005)』를 통해서도 알 수 있다.

> 붉은악마보다 더 두터운 서포터 매니아가 있는 프로축구 서포터들이 폭력 사건에 관계되어 경찰의 처벌을 받거나 언론의 질타를 받는 경우가 많다.
> 『축구 서포터즈 그리고 붉은악마』, 172쪽.

각자의 길을 걷게 되어 적대관계를 가질 수밖에 없는 구단 서포터즈는 그들의 의식을 공유하고 감정을 억제할 공간과 조직이 없어지면서 서포터 간의 폭력 문제까지 이어진다. 프로팀 경기를 통해 적대감이 증폭될수록 언젠가는 더 큰 폭력 사건으로 표출될 가능성이 커진다. 따라서 이를 해소하기 위한 방법을 찾아야 할 것이다.

# 6  사진으로 보는 서포터 역사

지금까지 우리나라에 축구 서포터즈가 만들어지고, 어떻게 분화 과정을 거쳤는지 확인해 보았다. 여기서는 사진을 통해 그 흐름을 더욱 쉽게 살펴보기로 하자.

각 사진은 저작권자의 동의를 얻어 사진마다 출처 표기와 함께 수록했다. 사진 사용을 허락해준 각 프로축구단과 공공기관에 감사의 뜻을 표한다. 아래 목록은 국가기록원(archives.go.kr)의 출처 표기에 따라 사진의 '기록물철제목'과 '철관리번호' 등을 다음과 같이 밝힌다.

④ 붉은악마, '도쿄대첩' 원정 응원 – 1997년 9월 28일
    기록물철제목: 98 월드컵축구 아시아지역 최종예선 B조
    철관리번호: DET0058124

⑧ 1998년 체코 평가전
    기록물철제목: 김종필 국무총리서리 월드컵 축구국가대표 평가전 관람
    철관리번호: DET0031222

⑨ 2002년 한·일 월드컵 거리 응원
    기록물철제목: 2002 FIFA 월드컵 국민 응원 인파
    철관리번호: DET0059163

① 1983년 슈퍼리그 개막전
ⓒ 제주 유나이티드

① 1980년대 K리그는 응원 단장이 주도하는 치어리더 문화가 성행했고, 응원하는 대부분 사람은 구단에서 조직한 집단으로 이루어졌다.

② 하이텔 축구동호회 단체 응원
ⓒ 제주 유나이티드

② 1996년 하이텔 축구동호회에 의해 K리그에서도 자발적 응원이 시작되었다. 유공 구단의 상징색 티셔츠를 맞춰 입고 깃발 흔드는 모습을 볼 수 있다.

③  1990년대 후반 수원 서포터즈
    ⓒ 수원 삼성 블루윙즈

③  1980년대부터 1990년대 중반까지 K리그 응원 문화는 '서포터'라기
보단 '응원단'의 형태에 가까운 모습이었다. 1990년대 후반 수원 삼성
블루윙즈의 서포터즈는 대형 깃발과 현수막 걸개, 머플러 응원을 선보이며
유럽식 응원 문화에 가장 가까운 모습을 보여주었다.

④ 붉은악마, '도쿄대첩' 원정 응원 — 1997년 9월 28일
© 국가기록원

## 서포터 조직의 분화 및 확장 과정

④ 1997년 국가대표팀 서포터즈 클럽 '붉은악마'가 결성되어, 프랑스 월드컵 아시아 지역 최종예선, 일본 원정 응원에 나섰다. 이때 '붉은악마'는 우리나라 다른 응원단과 함께 연합 응원을 펼쳤다.

⑥ 안양 LG 서포터즈
ⓒ 안양시

ⓕ 부천 SK 서포터즈
ⓖ 제주 유나이티드

ⓕⓖ 1990년대 후반 수원 서포터즈가 탄생하고, 뒤이어 안양, 부천 등 각 구단 서포터즈가 만들어지기에 이른다. 부천 서포터즈 '헤르메스(Hermes)'는 하이텔 축구동호회가 응원했던 '유공' 구단 팬클럽을 전신으로 명맥을 잇는다.

⑦ 1997년 K리그 올스타전
ⓒ 제주 유나이티드

⑦ 광양축구전용구장에서 있었던 K리그 올스타전의 관중석 모습. '붉은악마'와 각기 다른 유니폼을 입은 각 '구단 서포터즈'가 모여 하나의 팀을 응원하고 있다. 이러한 모습은 1999년 올스타전까지 유지되었다.

⑧ 1998년 체코 평가전
ⓒ 국가기록원

⑧ '붉은악마'는 '도쿄대첩' 응원 이후, 각 구단 서포터즈 연합으로 더욱 조직적인 응원을 선보인다.

**서포터의 탄생: 1990~2005**

⑨ 2002년 한·일 월드컵 거리 응원
ⓒ 국가기록원

⑨ '붉은악마'는 2002년 한·일 월드컵에서 '전관중 서포터화'를 이뤄냈다. 붉은 옷을 입고 응원하는 시민 모두 '붉은악마'가 되었다. 이러한 모습은 경기장 안에서 뿐만 아니라 거리 응원에서도 확인할 수 있다.

⑩ FC안양 서포터즈
'A.S.U.(Anyang Supporters Union) 레드'
ⓒ FC안양

서포터 조직의 분화 및 확장 과정　　　　　　　　**93**

⑪　　부천FC1995 서포터즈 '헤르메스'
　　　ⓒ 부천FC1995

⑩ ⑪ 2002년 이후 K리그의 모든 구단 서포터즈는 분화의 길을 걷는다. 특히, 안양과 부천 서포터즈는 연고이전으로 팀을 잃은 뒤, 다시 팀을 만들어 여전히 지역 연고의 팀을 응원하는 독특한 역사를 가지고 있다.

⑫ 수원 삼성 블루윙즈 서포터즈 '프렌테 트리콜로'
ⓒ 수원 삼성 블루윙즈

⑫ 서포터 응원 문화를 도입했던 수원 서포터즈 '그랑블루'도 시간이 지나며 소모임으로 분화되었고, 여러 소모임의 연합체가 되었다. 현재 명칭은 '그랑블루'에서 '프렌테 트리콜로'로 바뀌었다. '그랑블루'란 이름은 홈 경기를 찾는 모든 수원 팬을 아우르는 단어가 되었다.

⑬　2018년 우루과이 평가전
　　ⓒ 마이너리티 프레스 — 백승희

⑬　'붉은악마'는 회원제를 탈피한 것을 비롯, 더이상 구단 서포터즈의 연합체가 아니다. 경기장을 찾는 개인이 모여 '붉은악마'가 된다.

# 7    선수 팬클럽

축구팬이라면 누구나 자신이 좋아하는 선수 한 명쯤을 마음에 두고 있다. '축구동' 결성 초기부터 1994년 말까지 회원들은 특정 선수에 대한 글을 올리며 자신의 관심을 표현했다. 그러나 이를 조직화하려는 노력은 기울이지 않았다. 아이러니하게도 '축구동' 내부에는 '구단 응원'보단 오히려 '선수 응원'이 보편화되어 있어, '좋아하는 선수가 소속되어 있는 팀'을 응원하는 분위기가 일반적이었다.

　1995년 1월부터 팬클럽을 공식적으로 만들기 시작했다. 처음에는 5명 이상의 회원을 모집하면 정식 모임으로 인정하는 방식이었으나, 2월부턴 10명 이상 모일 경우 '축구동' 차원에서 선수와 접촉을 주선해 준다는 공약을 내세우며 팬클럽 활성화를 유도했다.

　그렇게 해서 처음으로 조직된 것이 황선홍 선수의 팬클럽 '황새'였다. 황새가 결성된 이후, 축구동 내에는 몇몇 선수 팬클럽이 만들어질 것처럼 보였으나 결국 회원 수 확보에 어려움을 겪고 중간에 포기하게 된다. 그나마 1996년에 윤정환 선수의 팬클럽 '제리(Jerry)'가 활발한 활동을 벌인다.

　1995년 당시에는 구단을 응원하는 모임도 선수 팬클럽의 개념에서 다루어졌기 때문에 같은 게시판에서 말머리만 달리하여 사용하는 등, 아직은 '선수 팬클럽'이 더 큰 힘을 발휘하던 시절로 볼 수 있다. 그러나 1996년 서포터즈가 더 큰 조직으로 성장했고, '구단 중심의 서포터즈'와 '선수 중심의 팬클럽'은 대립과 공생 관계에서 고민하였다.

1997년에 이동국, 안정환, 고종수 등 스타 선수가 늘어나며 선수 팬클럽이 많아지는 현상을 낳았다. 선수 팬클럽 회원들이 스타 선수가 소속된 팀을 자연스레 응원하면서 구단 서포터즈와 같이 팀을 응원하게 된 것이다. 이렇게 공생 관계에 있다가도 응원하던 선수가 다른 팀으로 이적하게 되면 '선수 팬클럽'은 다른 구단을 응원하여 기존 '구단 서포터즈'와 갈등을 빚기도 했다. 그러나 선수 팬클럽의 회원은 선수가 소속된 팀을 응원하다가 그 팀의 서포터로 남는 경우도 종종 있었다. 선수 팬클럽과 구단 서포터즈는 응원하고자 하는 근본 대상이 다르나 '일시적인 목표'는 동일하기 때문에 대립과 공생의 관계를 지속한다.

선수 팬클럽은 구단 서포터즈와 서로 다른 성격의 집단이지만 경기장에서는 같은 팀의 유니폼을 입고 연합해서 활동함으로써 하나의 집단으로 보이기도 한다. 또한 선수 팬클럽은 구단 서포터즈 연합 소속의 소모임으로 활동하기도 하므로 전혀 다른 집단이라고 보기도 어렵다. 그렇지만 서포터즈와 팬클럽은 엄밀히 구분되어 있으며, 각자의 집단 정체성을 형성하고 있다.

한 가지 흥미로운 사실은 1990년대 말까지만 하더라도 서포터의 조건이 특정 프로팀을 열정적으로 응원하는 일부 사람에 한정되었으나, 2000년대에 접어들면서 같은 팀을 응원하면 모두 서포터로 인정하는 분위기로 넘어가고 있다는 점이다. 따라서 특정 선수를 응원하는 선수 팬클럽도 이제 서포터즈의 한 방식으로 인정받게 되었다.

# 서포터즈 정체성 형성 과정

'축구동' 회원들은 동호회 활동을 통해 각자의 희망이 서로 동일하다는 사실을 깨닫게 되는데, 그것은 바로 '유럽과 같은 축구장 분위기를 우리나라에도 만드는 일'이었다. 이를 암묵적으로 공감하던 회원 중, 축구에 대해 해박한 지식을 갖춘 몇몇 회원이 서포터즈 출현 이전의 '축구장 문화에 대한 문제점'을 동호회 게시판에 올려 공론화하였고, 그 문제를 해결하기 위한 논리를 만들기 시작했다.

# 1    공동의 목표 확인

'축구동' 회원은 이미 축구에 대한 애정을 갖고 축구 관련 정보를 공유하고자 '축구동'에 가입한 사람들이었다. 이들은 PC통신에서 모임을 결성했고, 통신상의 글을 통해 여러 사람의 희망이 서로 같다는 사실을 깨닫게 되었다. 바로 축구 선진국의 축구장 분위기를 우리나라에서도 경험하고 싶은 바람이었다. 그러한 희망을 가슴에 품게 된 계기는 1980년을 전후하여 TV중계를 통해 봐왔던 해외 축구 관중의 모습이 인상 깊었기 때문이었다.

'축구동' 내 몇몇 회원은 자신이 갖고 있던 환상이 혼자만의 것이 아니라는 사실을 알게 되면서 동호회 내에서 공감대가 형성되었다. '축구동'이 생기고 가장 먼저 공동구매했던 것이 유럽과 남미 응원의 상징이라 할 수 있는 '뿔피리'였던 점만 보아도 회원들이 꿈꾸던 세상을 짐작할 수 있다. 다음 인용은 1993년 12월 15일에 '축구동' 운영진이 게시판에 올린 글이다.

제목:[기획관리부] 뿔피리 구매하시는 분 보세요
  뿔피리가 내일 서울로 배달됩니다. 이번 모임에
  참석하시는 분에게는 직접 드리고, 여의치 않은
  분에게는 소포로 부칠 예정입니다. 그러니 조금만 더
  기다려주세요.
    축구동 게시판, 닉네임: 유비, 1993년 12월 15일.

PC통신 하이텔 내에 '축구동호회' 게시판이 개설된 지 두 달밖에 안 되었고, 회원도 많지 않은 상황에서 처음으로 공동구매한 물품이 '뿔피리'였다는 점은 참으로 의미심장하다. 우리는 또 다른 인용을 통해 당시 PC통신을 하는 '축구동' 사람들이 어떠한 심정이었는지 더욱 쉽게 이해할 수 있다.

> 내가 어렸을 때, 독일 분데스리가 녹화 방송을 보면 응원하는 분위기가 너무 좋아서 꼭 저렇게 응원을 해보고 싶었어. 그게 내 필생 소원이었어. (…) 세계 최고 리그인 분데스리가를 보면 외국 사람들은 '축구를 저렇게 하는구나!' 처음 알았지. 경기장은 빈자리 없이 꽉 차서… 나도 그 관중의 한 사람이 되고 싶다고 느꼈지. (…) 차범근 선수가 뛰는 무대에 저렇게 축구를 즐긴다는 건, 그땐 감동이었으니까, 신선한 충격이었지! 우리 국가대표팀 경기를 생각하면 차원이 다른 거니까!
>
> 분데스리가 응원은 딱 보면 호화로웠어. 뿔피리 불면서 이상한 '뿡~' 소리가 나고… 클래식을 자기네 서포터 곡으로 써서 응원하는데, 너무 멋있는 거야. (…) 축구동호회에 나하고 똑같이 응원해보고 싶다고 생각했던 세대가 있었고… '아! 다른 사람도 그렇게 생각했었구나', '나와 같은 마음을 가지고 있었던 사람들이 있었구나' 해서 응원을 실천에 옮겼던 거고!
>
> 저자와 인터뷰 - 최OO, 2006년 2월 2일.

우리는 이 증언을 통해 우리나라의 젊은 축구팬이 '축구동' 가입 이전의 시기에 어떠한 생각으로 지내왔는지 알 수 있다. 이렇듯 지난 세월 동안 개인의 마음속에 품고 있던 꿈은 결국 PC통신 상에서 공론의 과정을 거치면서 암묵적으로 '공동의 목표'로 인정된다. 이 당시 '축구동' 회원들 사이에서 만들어진 목표는 '서포터즈 정체성 형성의 초석'이 되었다.

다음 인용은 1998년 프로축구 시즌이 끝나고 비시즌 동안 작성된 글이다. 이미 서포터즈가 정착기에 들어선 이 시기에도 이들이 꿈꾸는 세상은 '축구동' 초창기 시절과 동일함을 알 수 있다.

> 서포터는 꿈을 가진 사람입니다. 새로운 축구 세계를 꿈꾸고 있습니다. 그동안 한국 프로축구 환경은 열악하기 그지없었습니다. 심지어 경기를 기분 좋게 즐길 수조차 없는 난장판을 보아왔습니다. 누구에게 환호성을 보내야 할지, 어느 팀이 나의 팀인지도 모르는 시기를 겪고 관중은 분열되어 있었습니다.
> 
> 변화가 찾아 왔습니다. 새로운 바람이 불고 있습니다. 지금 서포터가 활동합니다. 서포터 활동은 자신의 에너지를 관중석에서 분출하지 못했던 사람들이 뜻을 합해, 좀 더 쾌적한 환경에서 멋진 경기를 보고 즐기는 일입니다. 지금까지 경험할 수 없던 새로운 문화를 직접 체험할 수 있습니다. 축구를 사랑하는 모든 이들의 마음을 연결해 전 관중이 하나가 되어 관중석에는 3만이 넘는 가족이 탄생하고, 서로 한마음이 됨을 확인하는 것입니다. 모든 이들이 서포터가 되는 꿈을 꾸어 봅니다.
> 
> 꿈에 동참해 주십시오.
> 
> 『서포터즈 가이드북 1999』, 1쪽.

1994년 말까지 1년여의 기간은 우리나라에 서포터즈가 만들어지기 위한 목표 설정과 정체성 형성의 과정이라는 점에서 매우 중요한 시기로 해석할 수 있다. '축구동' 회원들은 이 기간에 서로의 목표만을 확인한 것이 아니라, 목표에 부적합한 것으로 드러났던 한국 축구 문화의 문제점을 통신상에서 공론화하면서 그 이유와 대처방안에 대한 내부 논리를 만들어나갔다. 그러면 이들이 꿈꾸는 세상을 만들기 위해 어떠한 문제점을 공론화시키고, 어떠한 논리를 구성하였는지 살펴보도록 하자.

## 2 축구계 문제 제기와 논리 구성

유럽과 같은 축구장 관람 문화를 꿈꾸던 '축구동' 회원들은 각자 경기장을 찾으면서 우리나라 현실에 강한 회의감을 느낀다. 「시대 배경(19~41쪽)」 부분에서 설명한 바와 같이 당시 우리나라 축구장은 조기축구회 사람들의 술 취한 모습과 삼겹살 굽는 광경 그리고 고용된 치어리더와 동원된 회사원의 모습이 일상이었다. TV를 통해 유럽의 축구장 상황을 보고 막연히 동경하던 축구팬 입장에서 우리나라 축구장 문화는 너무나 실망스러웠다. 그러나 '축구동' 초기에 회원들 역시 단체관람을 할 때 기존의 관람 방식에서 쉽게 벗어나지 못했다.

> (축구동 회원도) 조기축구회 가듯이 가서 경기 보고, 감상하고, 끝나고 나서는 술 한잔 마시고, 그냥 그런 분위기였죠! (…) 치어리더가 앞에서 다 하고 있어서 자기가 좋아하는 팀이 있기는 하지만 대놓고 응원을 못 하는 … 앰프로 뽕짝 틀어대고~ 그게 주류문화였을 때니까요.
>
> 저자와 인터뷰 - 최○○, 2006년 9월 11일.

비록, '축구동' 회원들이 기존의 관람 방식으로 축구장을 찾고는 있었지만, 진정한 바람은 유럽과 같은 분위기였기 때문에 당시 축구장 관람 문화의 문제점을 인식하고 하나둘씩 그와 관련된 글을 통신에 올렸다. 그 대표적인 글이 바로 치어리더에 관한 것으로 결국엔 우리나라 축구장에서 치어리더의 모습을 볼 수 없게 만드는 계기가 되었다.●

> 축구장에 치어리더가 없어야 하는 이유
> 첫째, 관전을 방해한다.
> 축구는 하프 타임 이외에는 계속 연결되는 경기다.
> 야구처럼 부분부분 나뉘는 스포츠가 아니다.
> 둘째, 건전한 응원 문화 형성을 저해한다.
> 치어리더의 응원이 퇴폐적이라고 말할 수는 없으나
> 적어도 축구장의 전통적 분위기와 걸맞지 않다. 응원이란
> 관중 속에서 저절로 형성될 때 흥이 나는 것이지, 요염한
> 눈 요깃거리로 대체될 수 있는 것이 아니다.
> 결론, 구단이 팬에게 진정한 서비스를 하고자 한다면
> 응원 문화 연구를 제대로 해야 한다. 우격다짐식의
> 응원 유도나 선정적 춤으로 시선을 끄는 시도는 앰프의
> 굉음만큼이나 귀찮은 공해 요소에 불과하다.
> 축구동 게시판, 1994년 8월 8일.

통신상의 글 외에도 수많은 자료에서 기존의 축구장 문화에 대한 강한 회의를 엿볼 수 있고, 새로운 문화를 만들기 위한 욕구가 응집되면서 대외 활동으로 이어지게 되었음을 알 수 있다.

> 관중이 좌석에 앉아, 경기를 하는 선수와 치어리더의
> 모습을 보며 가끔 함성을 지르는 게 고작이었다. 경기장과
> 관중석은 별개의 공간이었으며, 관중은 "오늘 누가 이기나

---

● 여전히 축구장에서 치어리더를 볼 수 있다. 하지만 요즘의 치어리더는 서포터에게 방해되지 않는 선에서 응원을 유도한다.

보자"며 팔짱을 끼고 조용히 앉아있기 일쑤였다.

『축구 서포터스 그리고 붉은악마』, 79쪽.

우리나라의 잘못된 축구 관람 문화를 개선하고 프로축구 활성화에 작은 보탬이 되고자 하는 뜻에서 모였다. 소주를 마시고 벌게진 얼굴로 야유를 보내는 것이 아니라, 온 관중이 한마음으로 축구를 즐길 수 있는 진정한 응원을 펼쳐보자는 의도였다.

『동아일보』, 1997년 10월 15일.

아래 인용을 보면 서포터즈가 등장하기까지의 설명에는 당시 축구장 관람 문화의 문제점이 제기되고 있으며, 그러한 문화가 축구장에는 적합하지 않다는 논리를 펴고 있다.

서포터가 생긴 배경 중 하나가 "우리는 저런 응원을 하지 말아야겠다" 그다음이 "축구장에서 이런 문화를 없애야겠다"라는 생각을 하고 (…) 우리 팀이 지금 골 먹혀서 난리를 치고 있는데, "야이야~ 야이야~ 야이야~ 꽃바구니~" 이러니까… 응원도 시기와 때가 있고, 축구라는 건 연속적인 경기라는 거예요. 90분 동안 끊어지는 게 거의 없어요. 이게 계속 왔다 갔다 하는 건데, 우리가 지고 있는 상황에서 이러니깐 안되는 거죠!
그다음에 옛날처럼 아저씨가 와서 술 먹고, 옆에서 싸우고, 고기 구워 먹고! 이거는 진정한 축구 문화가 아니라고 생각해요. 그런 거는 다른 곳에서도 얼마든지 할 수 있어요. 왜 꼭 축구장에 와서 그러냐고~ (…) 그런 모습을 없애려고 많이 노력했어요. 축구는 축구에 맞는 응원을 해야 된다! 축구에 맞는 관점으로 축구를 봐야 한다!

저자와 인터뷰 - 정OO, 2005년 7월 18일.

여러 증언을 보면, 서포터즈의 모태라 할 수 있는 '축구동'이 외부 활동을 시작한 1995년 이전에 이미 내부적으로 과거 축구장 문화의 문제점을 인식하였다. 그러한 축구장 문화가 불필요한 이유에 대한 논리를 형성하면서 조직의 정체성을 찾았기에 집단적인 움직임으로 대외 활동이 가능했다. '축구동' 초기에 형성된 이들의 목표와 논리는 통신상에 회자되어 공고해졌고, 신입회원을 서포터로 사회화시키는 논리로 이용되어 지금까지도 이어지고 있다.

서포터즈 탄생 이후에도 이들은 자신의 꿈을 이루기 위해 지속해서 한국 축구의 문제점을 공론화하였고 문제 해결을 위한 방법을 모색해나갔다. 이와 관련하여 '전문-추천 칼럼' 게시판에 1995년부터 1999년 말까지 회원이 올린 글, 653편을 분석하여 분류한 결과는 다음과 같다.

**축구동 내 제기된 한국 축구의 문제점 분류**

| 1. 협회·연맹·구단 운영 문제 | 2. 대표팀 경기력 문제 | 3. 언론 문제 |
|---|---|---|
| 마케팅, 각종 제도, 리그 운영, 지역연고제, 선수 연봉, 선수 양성 시스템, 병역, 대학 진학, 심판, 유니폼, 휘장, 고유 색상, 마스코트 | 월드컵 본선 성적 부진, 해외 진출 선수 부재 | 신문 기사 내용, 기사 순서, 방송 순서, 경기 중계, 방송 멘트, 해설가 |

| **4. 관중의 문제** | **5. 경기장의 문제** | **6. 사회 인식 부족** |
|---|---|---|
| 서포터 정체성, 축구 관전 요령, 응원 방법 소개, 기존 응원 문화, 부적절한 응원 도구, 용어 사용 | 전용구장 건립의 논리, 잔디관리 | 프로축구, 축구선수, 서포터 |

'전문-추천 칼럼' 게시판은 축구에 대한 의견을 제시하며, 다른 게시판에 올라온 글 중에서도 수준 있는 글을 모아 놓는 곳으로, 서포터즈 핵심 구성원이 모여 있는 '축구동'의 정체성을 이해하는 데 유용하다. 이 게시판의 모든 글을 분석한 결과, 서포터즈는 한국 축구와 관련된 모든 문제점을 공론화하고 있음을 알 수 있었다. 따라서 서포터즈는 단순히 응원하는 집단이 아닌 한국 축구의 전반적인 문제를 해결하여 총체적인 축구 발전을 꾀하고 있다. 이와 관련해서 서울대학교 출판부에서 발행된 『붉은악마와 월드컵』에서는 과거 축구 관중의 관전 태도와 언론에 문제가 있었기 때문에 우리나라 서포터즈가 이를 극복하고자 출현했다고 말하고 있다.

1993년 10월 9일에 발표한 동호회 '취지 및 운영 목적'에 관한 글에서는 이 조직이 조기축구회 성격을 크게 벗어나 있지 못한 것으로 보이기도 하나, PC통신의 장점을 살려 축구계에 비판과 조언을 하고자 한다는 점에서 앞으로의 방향이 처음부터 정해져 있었음을 알 수 있다.

· 하이텔 축구동호회 취지 및 운영 목적
축구동호회는 각종 축구 정보를 한눈에 볼 수 있는 전문 스포츠 동호회로 이루어질 것이다. 국내외 주요 축구 경기가 있을 때 함께 관람하고 회원들 간의 우의를 다지며,

정기 모임을 통해 축구 전술이나 기술 등을 연구하여 (…) 또한 축구계의 충실한 제언과 구조적인 모순, 고쳐야 할 점을 지적하고 비판을 가하는 축구동호회가 될 것이다.

<small>축구동 게시판, 1995년 12월 16일.</small>

다양한 주제와 설득력 있는 글을 쓰면서 내부 논리를 구축한 '축구동'은 더욱 명확한 정체성의 기반하에 대외 활동을 전개해 나가는 힘을 얻게 되었다.

# 3    대외 활동의 시작

1년여 동안 '축구동' 게시판에서 다양한 정보를 공유하면서 자신들의 목표와 논리를 통해 공감대를 형성한 회원들은 더는 내부 논의에만 그쳐선 안 된다는 의견을 제시했다. 1994년 말부터 '축구동' 활동 범위를 외부로 확대하자는 의견을 내놓다가 1995년이 되어서 보다 본격적으로 대외 활동에 나서기 시작했다.

'축구동'의 대외 활동은 축구팬으로부터 시작된 '축구의식개혁운동'이다. 그 이유는 이들이 단순히 서구의 응원 문화만을 받아들이는데 그치는 것이 아니라 우리나라 축구계 전반에 걸쳐 있는 문제점을 극복하고자 했으며, 관중 의식까지 변화시키기 위해 노력했기 때문이다.

'축구동'이 1995년에 실시한 여러 대외 활동 중 가장 핵심 활동은 바로 '단체 응원'이었다. 지난 1년간 '축구동'에서는 수차례에 걸쳐 경기장 단체관람을 하였으나 함께 모여 조용히 관전하는 수준을 벗어나지 못하고 있었다. 그러나 그것이 이들이 꿈꾸는 모습은 아니었기에 1995년 5월 6일에 서포터즈 응원법을 접목시킨 첫 '단체 응원'을 시작하였다. 이는 과거 소극적인 관람의 자세에서 적극적이고 능동적인 관람의 자세로 의식 전환을 의미했다. 이렇게 시작된 '축구동'의 대외 활동은 요즘 서포터즈 활동의 연장선으로 볼 수 있다.

치어리더와 앰프 사용의 문제는 결국 유공 구단과의 접촉을 시도하는 등 대외 활동을 시작하면서 결실을 보게 되었다. 다음은 『스포츠조선』에 관련 기사가 게재된 내용이다.

제목: 유공 '하이텔' 고정 팬 만들기 한창
   '하이텔 축구동' 회원들은 축구에 대한 지식이 해박할 뿐만 아니라 직접 경기장을 찾는 열성까지 지닌 축구 매니아. 유공이 하이텔에 관심을 두기 시작한 것은 한 통의 편지가 인연이 됐다. 정규리그가 시작되기 전, 유공 구단에 날아온 이 편지엔 지금까지의 축구 응원 문화에 대한 비판과 바람직한 응원 문화 활성화 방안이 담겨 있다.
   '양반 문화'에 젖어있는 응원 문화에 대한 비판, 공수 교대 시 짬을 낼 수 있는 야구와 달리 90분 동안 쉴 틈 없이 전개되는 축구는 치어리더나 앰프가 소용이 없다는 것, 축구 응원에는 역시 뿔피리가 제격이라는 등의 내용이었다.
   유공 구단에 편지를 보낸 사람이 다름 아닌 하이텔 축구동의 후원회장인 신동일 씨. 유공은 축구동 회원에게 경기장 입장 시 뿔피리와 응원 깃발을 나눠주어 자발적인 응원을 유도하도록 했다. 그 결과 관중석의 응원은 이전과는 사뭇 달라졌다. 치어리더나 앰프가 사라진 대신 유럽에서나 들을 수 있는 '뿔피리' 응원이 등장한 것.
    『스포츠조선』, 1995년 5월 2일.

기사의 내용을 보면, 그동안 우리나라 축구 문화의 문제점에 대해 여러 차례 가졌던 논의를 바탕으로, '축구동'의 한 회원이 유공 구단 측에 편지를 보내 접촉을 시도했던 사실을 알 수 있다. 결국 축구장에 치어리더와 앰프를 없애고자 하는 '축구동'의 노력은 유공 구단에서 긍정적 검토를 통해 수용함으로써 실현되었다.

1995년 2월에는 '월드컵 게시판'을 개설하고 2002년 월드컵 유치를 위한 공간을 마련하여 대회 개최 의지를 표현함은 물론, 관련 자료 수집과 월드컵 한국 유치의 타당성을 주장하기도 했다. 다음 인용은 '월드컵 게시판'이 만들어진 직후, 한 회원이 '축구동' 내에 월드컵 유치 활동에 동참하기 위한 새로운 공간이 마련되었음을 알리는 글이다.

제목: 월드컵 게시판 모두 가보세요
  드디어 우리가 월드컵 유치를 위해 작은 힘이나마 보탤
  수 있는 곳이 생겼습니다. 축구동 내 7번 게시판에 월드컵
  공익신탁 가입운동을 위한 게시판이 열려 있습니다.
        축구동 게시판, 1995년 2월 8일.

월드컵 유치 활동에 동참하고자 하는 '축구동'의 움직임은 6월이 되어서 월드컵 유치위원회를 방문하기에 이르렀다. 회원들은 월드컵 유치위원회가 프로축구에 홍보 활동을 하지 못하고 있다는 문제점을 들어, 자신들이 직접 프로축구 경기장에서 홍보 활동을 벌이겠다며 사무실을 방문하였다. 결과는 매우 성공적이어서 홍보 활동을 위한 물품을 지원받게 되었을 뿐만 아니라 추가 지원까지 약속받았다.

제목: 유치위원회로부터 물품을 지원받는 데 성공했습니다!

> 오늘 제가 직접 찾아가서 로고가 새겨진 티셔츠 30장,
> 모자 30개, 배지(Badge) 100개 그리고 스티커 200부를
> 받아왔습니다. 아울러 축구동과 의견 교환 및 정보
> 제공 그리고 나중에 추가 지원이 필요할 경우, 이를
> 지원해주겠다는 약속까지 받아오는 데 성공했습니다.
> 지성이면 감천이라고… 뻔질나게 전화 걸고 찾아가니까
> 결국 우리의 부탁을 들어주는 것 같습니다.
> 또, 프린트해간 글을 유치위원회에 계신 분께서
> 인상 깊게 보셨는지 누구냐고 물으시더군요. 그리고
> 앞으로도 이런 좋은 글이 있으면 팩스로 계속 보내 달라고
> 부탁하셨습니다. 이제 서서히 우리 동호회도 인정을 받아
> 가고 있는 듯합니다. 지원받은 물품은 내일 동대문에
> 가지고 갈 생각입니다. (…) 로고가 새겨진 모자를 쓰고
> 티셔츠까지 입고 서명운동을 벌인다면 시민도 우리를
> 다르게 볼 것입니다. 물론 효과도 더욱 클 것이고…
>
> 축구동 게시판, 1995년 6월 20일.

대외 활동이 하나둘씩 결실을 거두며 활동에 탄력을 받았다. 농구장과 같이 여성 관중이 선수에게 환호하는 모습을 기대하면서 김병지 선수의 팬클럽을 결성하기도 하였으며, 한·일 월드컵 공동유치 반대성명운동, 방송국에 축구 중계를 해달라고 요구하는 등 대외 활동을 펼쳐나갔다.

이렇듯 '축구동'의 관심은 단순히 단체 응원에만 머무른 것이 아니라 축구계를 둘러싼 전 분야에 걸쳐있다. 따라서 이 시기에 시작된 활동은 '축구의식개혁운동'으로 평가할만하다. '축구동'에서도 핵심 매니아 층에서 시작된 '축구의식개혁운동'은 회

원을 대상으로 내부 여론을 형성하고 대외까지 영향을 미쳐 축구계 개혁을 이끌었다. 의식개혁 초기, 축구협회와 '축구동' 회원의 인식 차이를 극명하게 보여준 일화가 있다. '축구동'에서는 대표팀 고유의 유니폼 색상, 마스코트, 엠블럼 등에 관한 문제 논의가 이미 있었다. 이에 대한 이해와 공감대가 형성되어 있는 상태에서 축구협회가 아무 이유 없이 대표팀 유니폼의 색상을 바꾸는 일이 벌어졌다. 유니폼 색상 변경의 문제점을 인식한 '축구동'의 한 회원은 '대표팀 고유의 색상이 있어야 한다'는 전문적인 견해를 가지고 협회에 전화 문의를 하게 된다.

제목: [전화 통화] 새 유니폼에 관한 협회의 대답
　　오늘은 대표팀 유니폼이 바뀐 이유가 너무 궁금해
　　대한축구협회에 전화를 걸어봤습니다. 다음은 협회
　　직원과의 대화 요약입니다.

발신자: 저... 이번에 대표팀 유니폼이 갑자기 바뀐 이유가 도대체
　　무엇입니까?
직원: 네? 대표팀 유니폼이야 바뀔 수도 있는 거 아니에요?
발신자: 저는 디자인을 말하는 게 아니고... 색상이 갑자기 바뀐 게
　　이상해서...
직원: 무슨 말씀을 하시는 건지 모르겠네요.
발신자: 대표팀은 계속 붉은색을 입어오다가, 붉은색이 적개심을
　　불러일으킨다고 흰색으로 바꾸지 않았습니까. 이번에도
　　그때처럼 어떤 이유가 있을 것 같은데요?
직원: 우리나라는요, 단색보다는 색을 섞어서 입는 게 훨씬
　　어울려요. (물음에 답은 안 하고 웬 봉창 두드리는

소리? 내가 언제 단색을 물어봤나?)
발신자: 왜 하필이면 검정하고 빨강입니까? 전에도 흰색하고
파란색을 잘 혼합해서 입지 않았습니까?
직원: 말했잖아요. 단색이 안 어울려서 바꾼 거라고.
발신자: 그럼 앞으로 대표팀 유니폼은 이제 이 색깔로 통일되는
겁니까?
직원: 유니폼 색깔이야 아무 때나 바뀔 수도 있는 거 아니에요?
이 색깔이 어울리면 이 색깔을 입다가 저 색깔이 어울리면
저 색깔로 입는 거예요. 앞으로도 유니폼 색깔은 계속 바뀔
거예요. (당연하다는 투로 말을 한다)
그리고 댁은 지금 바뀐 유니폼이 마음에 안 들어서
그러시나 본데요, 지금 바뀐 유니폼이 좋다는 사람이
'훨씬' 많아요.
발신자: 저... 지금 브라질 유니폼은 이미 펠레 때부터 입어오던
색상을 몇십 년 동안 유지하고 있는데 그런 전통에
대해서는 어떻게 생각하십니까?
직원: 뭐 그들이야 돈이 없어서 그런가 보죠? 그거야 그들 사정
아녜요?

저는 여기까지 듣고 더 얘기해봤자 진전이 없다는
것을 깨닫고 슬픈 마음으로 수화기를 내려놓을 수밖에
없었습니다. 전부터 축구협회가 썩었다는 말은 들었지만
이렇게 무식하다는 것을 알고 나니 정말 할 말이 없더군요.
저는 그래도 지푸라기 잡는 심정으로 최소한 변명 조로
"과거 붉은악마라는 별명도 있었잖아요"라고 말하길
바랐습니다. 하지만 그들의 머리에는 그런 개념조차

없었습니다. 앞으로도 축구협회에서는 정기적으로 유니폼과 색상을 '어울리는 대로' 바꾸어 주며 우리의 눈을 즐겁게 해준다고 하니 지켜볼 일입니다. 이러다간 정말 우리가 1998년 프랑스 월드컵 때 오렌지색 유니폼을 입고 뛰게 될지도 모르겠습니다.

축구동 게시판, 1995년 11월 25일.

모두가 알다시피 유니폼 색상은 1996년 붉은색으로 변화한 이후 현재까지 그 전통을 잘 유지하고 있다.● 이러한 '축구의식개혁운동'은 각 '구단 서포터즈'와 '붉은악마'로 이어졌고, 결국 2002년 한·일 월드컵에서 전관중이 '붉은 티셔츠'를 입고 응원하는 데 일조했다.

『축구 서포터스 그리고 붉은악마』에서는 '전관중 서포터화'에 대해 이야기했다. 우리나라 서포터즈는 선진 축구 시스템을 목표로 하지만 그 핵심에는 축구장을 찾는 '모든 관중이 서포터'가 되어 자신의 팀을 함께 응원하는 분위기를 만들겠단 목표를 가지고 있다.

축구라는 분야 특성상 '축구의식개혁운동' 자체가 국민 전체의 의식 개혁 수준으로 이르기까지는 쉽지 않다. 그럼에도 불구하고 2002년 한·일 월드컵에서 전관중이 입었던 '붉은 티셔츠'가 각 개인의 티셔츠가 아닌, '붉은악마'가 대외 활동으로 디자인한 '비더레즈(Be the Reds!) 티셔츠'였던 것은 '축구동'에서 이어진 대외 활동의 결과물로 해석할 수 있다.

---

● 국가대표팀은 1994년과 1995년에 하얀색을 제외하면 1950년대부터 줄곧 붉은색 홈 유니폼을 입고 있다.

# 4    서포터즈 폭력 문제

축구 서포터 활동은 제법 긴 세월 동안 우리 사회에 안정적인 여가 활동으로 정착하였다. 서포터 집단이 규모를 확대하고 조직화하면서 서포터즈 폭력이 사회 문제로 대두되었다. 서포터즈 폭력은 언론을 통해 사회 이슈화되고, 프로축구 관중 감소로 이어진다. 잉글랜드는 폭력 서포터 집단인 '훌리건'으로 인해 1990년대 프리미어리그(Premier League)의 침체기를 보내야 했다.●
따라서 서포터즈 폭력 문제는 프로축구 활성화를 위해 반드시 극복해야 할 과제이다.

경찰청의 조사 결과나 「한국 축구와 훌리건(이장영, 2002)」에 의하면 우리나라 서포터즈 폭력은 아직 경기 승패에 의한 싸움이 큰 원인이 되고 있지 않기 때문에 외국 훌리건과 같은 사례는 아니라고 설명한다. 그러나 잉글랜드 훌리건의 수준은 아니더라도 사전 계획에 의한 사건이 발생했다는 점을 간과해서는 안 될 것이다. 이에 대해 『축구 서포터스 그리고 붉은악마』에서는 프로축구 서포터즈와 같은 축구 매니아가 많아짐으로써 관중 폭력이 증가할 수밖에 없다고 주장한다. 대신, 이에 대한 대안으로 홈 서포터즈와 원정 서포터즈 간의 '동선을 분리'하는 방법과 서포터즈 자체의 '자정 노력'을 제안하였고, 동시에 '경찰력의 동원'도 필요하다고 강조한다.

● 벨기에 '헤이젤 스타디움'에서 펼쳐진 1985년 유럽 챔피언스리그 결승, 리버풀과 유벤투스 경기에서 잉글랜드 리버풀 훌리건의 폭력으로 인한 피해가 있었다. 이는 중립 관중이 훌리건의 폭력을 피하고자 어느 한 지점에 몰려, 그 무게를 견디지 못한 관중석이 무너져내린 '헤이젤 참사'로 이어진다. 이 참사로 잉글랜드 클럽팀은 5년간, 리버풀은 7년간 유럽 클럽대항전에 출전 금지 처분을 받았고, 1990년대 잉글랜드 축구의 침체기에 영향을 미쳤다.

서포터즈 폭력의 가장 큰 원인은 조직 분화에 의한 정체성 문제로 볼 수 있다. 2000년대 이전, 각 구단 서포터즈는 '구단 서포터즈'인 동시에 '붉은악마'로서 정체성을 가지고 활동하며 '대한민국 서포터즈'라는 유대감을 가지고 있었다. 때문에 잠깐의 감정에 의해 폭력이 발생하는 데 그쳤다면, '구단 서포터즈'로서 정체성을 강하게 드러내는 단절된 구조로 변화한 지금은 계획적인 폭력이 일어날 가능성이 점점 커지고 있다. 이는 모든 사건에 대한 한쪽의 일방적 해석을 낳게 되며 시간이 흐를수록 감정 대립이 더욱 심화된다.

「프로축구 서포터 집단의 갈등 요인 분석(장호중, 2003)」에서 구단 서포터즈 간의 감정 대립이 폭력을 야기한다고 주장하고 있다. 이 감정 대립의 원인이 바로 '조직의 분화'와 '교류의 단절'로 볼 수 있다. 따라서 협회, 연맹 차원에서 각 구단의 서포터즈를 연결할 수 있는 행정과 대책이 마련되어야 한다.

예를 들면, 우리나라의 프로축구 서포터즈는 한국 축구의 발전을 위해 여전히 자신들의 존재가 필요하다는 의식을 공유하고 있다. 이를 바탕으로 협회나 연맹에서는 각 구단의 핵심 운영진에 의해 운영되는 공동체를 만들고, 이들이 제시하는 여러 방안을 실무에 반영하도록 노력을 기울여야 한다. 이제는 한국 축구의 발전과 서포터즈 폭력을 예방하기 위해서라도 조속히 각 구단의 서포터즈를 연결하는 제도를 만들어야 한다.

# 에필로그

# 지금, 서포터 문화는 어떠한가

김성진
마이너리티 프레스 발행인

1990년대 우리나라 축구 서포터의 탄생 과정을 다룬 이 글은 서울대학교 대학원에서 발행된 학위논문 「프로축구 서포터즈 정체성 형성과정(이연주, 2006)」이 기반이 되었다. 즉, 편집 과정을 거치긴 했으나, 초고는 10여 년이 지난 2006년의 글이다. 구태여 철 지난 축구 서포터 이야기를 꺼내는 이유는 독특하게 생겨난 우리나라 서포터 문화의 역사성을 자세하게 기록하고 있기 때문이다.

2002년 한·일 월드컵의 부흥으로 당시 축구 응원 문화는 주목을 받음으로써 국가대표팀 서포터즈 클럽 '붉은악마'에 대한 여러 책이 발행되었지만, 근간이 되는 '서포터의 탄생' 기원에 대해서는 생략되기 일쑤였다. 지금이라도 '붉은악마'가 아닌, 축구 '서포터'에 초점을 맞춘 글이 꼭 필요한 시기이다.

『서포터의 탄생: 1990~2005(이연주, 2020)』를 읽은 독자는 2006년에 쓰인 이 글이 현시대와 비교해서 큰 차이가 없다는 점에 공감할 것이다. 2000년대 중반을 기점으로 우리나라 축구 서포터 문화는 그만큼 침체기를 겪고 있다. 2002년 한·일 월드컵의 동화 같은 이야기 속에, 서포터는 해피엔딩을 꿈꿨으나 현실은 그렇지 못했다. '전관중 서포터화'를 외치며 더 큰 꿈을 위해 모든 서포터즈가 분화의 길을 걸었지만 시간이 흐른 현재, 인기 구단 몇몇을 제외하고는 오히려 1990년대 후반보다 못한 서포터 활동을 이어 가게 되었다.

## 에필로그

  2006년 독일 월드컵 '16강 진출 실패'와 '연고 이전'이라는 행정 문제를 겪으며 많은 사람은 프로축구를 외면했고, 점차 야구 인기가 높아짐에 따라 또다시 몇몇 구단은 '치어리더' 응원 문화를 수용한다. 물론 치어리더 응원이 축구 문화에 맞춰 서포터와 화합하는 방식으로 응원을 유도하고 있지만, 2002년을 기억하는 서포터에겐 이 같은 모습은 분명 퇴보에 해당할 것이다. 더군다나 서포터즈 분화 과정을 통해 서로 교류가 끊어지고 결국엔 강경한 서포터 간의 폭력 문제를 낳으면서, 일반인에게 하여금 서포터에 대한 안 좋은 인식을 심어주었다. 이러한 폭력 사건은 심지어 프로축구를 보러 오지 않은 축구팬 의식에 '서포터는 K리그의 암초적 존재'로 각인되기에 충분했다.

  여전히 축구장 관중석에는 응원을 하는 서포터 집단과 일반 관중의 경계가 뚜렷하다. 심지어 2000년대 중반부터 시작된 해외 축구의 인기로 인해 경기장엔 '구단 유니폼'과 '대표팀 유니폼'이 아닌, '해외 클럽팀 유니폼'을 입고 축구 경기를 보러 오는 인원이 많아지게 되었다. 한 개인이 자신이 원하는 유니폼을 입고 경기장에 오는 것은 자유지만, '국가대표팀'이나 '국내 프로축구'의 홈 경기에서 이러한 현상이 나타난다는 것은 굉장히 흥미로운 일이다. 특히 유니폼을 입는 것을 그 팀에 대한 소속감과 자존심의 표출이란 의미로 봤을 때, 많은 사람이 국내 서포터 문화보단 해외 축구에 소속감을 느끼고 있음을 시사한다. 그러니 서포터 문화는 점점 설 자리를 잃어가고 있는 실정이다.

  현시대에 서포터를 평가할 때, '전관중 서포터즈화'가 과연 옳은 판단이었는지 의구심이 든다. 구단 서포터즈의 연합이었던 '붉은악마'가 이제 와서 과거의 회원제를 실시할 순 없다. 그러나 붉은악마와 규모가 큰 몇몇 구단 서포터즈를 제외하고는 '소모임제' 활동에 대해 다시 한번 생각해 볼만한 시점이다. 규모가 작은 구단 서포터즈일수록 소모임제 운영이 독이 되는 경우가 많기 때문이다. 예를 들면, 가뜩이나 적은 서포터즈가 한곳에 모이지 않고 분산되어 응원하는 모습을 자주 볼 수 있다. 1990년대 말 서포터즈를 떠올리면, 엄청난 인원은 아니었지만 서포터가 하나로 똘똘 뭉쳐 더 큰 목소리를 냈던 것은 분명한 사실이다. 규모가 작은 구단 서포터즈부터 옛날처럼 중앙 집권제의 운영을 시도해보는 것도 서포터 문화를 살리는 하나의 방편이 될 수 있지 않을까.

끝으로,『서포터의 탄생: 1990~2005』는 단순 '응원 문화'가 아닌 '서포터 문화'에 초점이 맞춰져 있다는 점을 짚고 넘어가야겠다. 단순 응원 문화만 놓고 보면 서포터의 탄생을 유공 시절의 응원을 전신으로 볼 수 있지만, 이 글에서는 서포터의 형태를 잡은 순간을 기점으로 한다. 즉, 기준을 어디에 잡느냐에 따라 서포터의 탄생은 여러 여지가 있다는 점을 독자 여러분께서 기억해주었으면 한다. 책 뒷부분에는 학위논문「프로축구 서포터즈 정체성 형성과정」의「참고 문헌」을 실어 독자가 더 심도 있는 응원 문화를 분석할 수 있도록 도왔다.『서포터의 탄생: 1990~2005』가 서포터 문화를 이끌어 온 기성세대에겐 과거를 되돌아볼 기회가, 현재 서포터 활동을 하는 젊은 세대에게는 서포터의 탄생 과정을 알 수 있는 유익한 책이 되리라고 기대해 본다.

# 참고 문헌

국내 문헌

강준호. 「The Role of The Self Concept in Sport Consumption」. 서울대학교 체육연구소논집 20.2 (1999): 69~94.

강효민. 「전문형 여가로서 마스터즈 수영클럽 참가자의 전문성 경험과 참가이유의 관계」. 한국스포츠사회학회지 13.1 (2000): 1~12.

경찰청. 『2002월드컵대회 울리건 안전대책』. 서울: 범신사, 2002.

권순용·김방출. 「붉은악마 현상의 재해석: 포스트 월드컵 담론 비판」. 한국체육학회지 42.6 (2003): 165~177.

김경동. 『현대의 사회학-사회학적 관심』. 서울: 박영사, 1982.

———. 『현대의 사회학』. 서울: 박영사, 2002.

김미향. 「근거 이론적 접근을 통한 스키 매니아의 경험연구」. 한국체육학회지, 41.5 (2002): 323~335.

김병준. 「한국판 신체적 자기개념 측정도구 개발」. 한국스포츠심리학회지 12.2 (2001): 69~90.

김석희. 「스포츠매니아의 확산과정에 관한 연구: 축구매니아를 중심으로」. 박사학위논문, 명지대학교, 2002.

김석희·김정명. 「청소년 축구매니아 연구: '붉은악마'를 중심으로」. 한국체육학회지 40.3 (2001): 27.

———. 「스포츠매니아의 확산과정에 관한 연구: 축구매니아를 중심으로」. 한국체육학회지 42.3 (2003): 45~61.

김수잔·하지원·김화영.「프로야구 관람자의 관여도에 따른 라이센싱 제품의 구매의도와 구매행동」. 한국체육학회지 41.2 (2002): 381~392.

김숙자·이보나.「스포츠 팬덤(Fandom)의 문화개혁 가능성에 대한 문화기술적 사례연구」. 한국스포츠사회학회지 16.1 (2003): 189~205.

김양종.「프로야구 팬의 사회인구학적 특성에 따른 경기 관람 결정 요인에 관한 연구」. 한국스포츠사회학회지 11 (1999): 275~288.

김용만.「프로축구팀 속성과 팀동일시 및 팀충성도와의 관계」. 한국체육학회지 43.6 (2004): 623~631.

김재영·이승용.「여고생들의 프로축구 경기 관람 결정요인에 관한 연구」. 한국체육학회지 43.5 (2004): 543~552.

김진국·조광민.「프로축구 팀 충성도에 영향을 미치는 마케팅 믹스 요인」. 한국스포츠산업경영학회지 7.2 (2003): 113~126.

김홍설.「프로야구 팬 유형과 소비자 행동의 관계」. 한국스포츠사회학회지 11 (1999): 17~30.

김홍설·구창모.「프로농구 팬의 경기 관람 결정 요인에 관한 연구」. 한국스포츠사회학회지 12 (1999): 333~344.

박상윤·장경로.「스포츠 팬 일체성에 따른 스폰서십 효과 및 구매의도에 관한 연구」. 한국체육학회지 44.5 (2005): 611~620.

박성희.『질적연구 방법의 이해』. 서울: 원미사, 2004.

박세혁.「Different Level and Range of Recreation Specialization among Recreational Sport Consumers: Implications for Market Segmentation」. 한국체육학회지 40.4 (2001): 423~432.

박수정.「전문적 여가스포츠 참여자의 여가체험:
 참여동기, 체험내용 및 체험과정 분석」. 박사학위논문,
 이화여자대학교, 2003.
박아청.『아이덴티티의 세계』. 서울: 교육과학사, 1993.
박유진.「여가경험과 여가정체성 현출성이 여가 및 생활만족에
 미치는 영향」. 박사학위논문, 중앙대학교, 2002.
박유진·김재휘.「여가정체성 현출성에 따라 여가경험이 여가
 및 생활만족에 미치는 영향: 적극형 여가를 중심으로」.
 한국심리학회지 21.2 (2002): 141~161.
─────────.「스포츠 관전행동의 결정요인에 관한 연구:
 이용자 특성을 중심으로」. 한국스포츠심리학회지, 14.3
 (2003): 139~153.
서희정·김용만.「프로축구 관여도와 상표 친숙도가
 타이틀스폰서 제품의 구매의도에 미치는 영향」.
 한국체육학회지 40.2 (2001): 407~419.
서희진.「프로축구 관중의 소비행동 결정요인 분석」.
 한국사회체육학회지 14.1 (2001): 215~228.
신광영.「계급과 정체성의 정치」. 경제와 사회 35 (1997): 34~50.
신규리.「골프 관람행동 구조모형 개발 및 검증」. 박사학위논문,
 이화여자대학교, 2006.
신동민.「붉은악마의 탄생과 발전」. 메이드인레드
 (www.reddevil.or.kr), 2003.
───.『축구 서포터스 그리고 붉은악마』. 서울: 맥스미디어,
 2005.
신동일.「내가 생각하는 재래식 응원방식의 문제」.『서포터즈
 가이드북 1999』. 그랑블루, 1999.

심재영·이승용. 「여고생들의 프로축구 경기 관람 결정요인에 관한 연구」. 한국체육학회지 23.5 (2004): 543~552.
양구석. 「프로축구 서포터즈의 신뢰와 몰입이 구단 애착도에 미치는 영향」. 석사학위논문, 서울대학교, 2005.
이동연. 「문화연구와 스포츠: 대상과 방법에 대하여」. 한국스포츠사회학회 전기학술대회 (2004): 27~53.
이동욱. 「프로축구 관람 유인 전략」. 한국스포츠리서치 15.2 (2004): 1033~1060.
이미연. 「대학생의 여가자원과 여가유형에 따른 여가정체성 및 주관적 행복감」. 석사학위논문, 성신여자대학교, 2004.
이순형. 『붉은악마와 월드컵』. 서울: 서울대학교 출판부, 2005.
이연주. 「진지한 여가(Serious Leisure)로써의 한국 프로축구 서포터즈 문화」. 한국체육학회지, 44.2 (2005): 553~563.
이연주·최성훈·김재운. 「축구 서포터즈 문화의 유입 및 확산 과정」. 한국체육학회지 44.6 (2005): 987~998.
이은호. 「서포터 이야기」. 『서포터즈 가이드북 1999』. 그랑블루, 1999.
이장영. 「한국 축구와 훌리건」. 전통과 현대 (여름호, 2002): 70~89.
임현경. 「PC통신을 통한 가상공동체의 형성과 그 특성에 관한 연구」. 석사학위논문, 서울대학교, 1996.
장호중. 「프로축구 서포터 집단의 발전 단계별 활동 결정요인 분석」. 박사학위논문, 국민대학교, 2001.
―――. 「프로축구 서포터 집단의 갈등 요인 분석」. 한국사회체육학회지 19 (2003): 573~585.

정민아. 「한국 축구팬들의 실험정신 '붉은악마': 축구 국가대표팀 서포터 '붉은악마'에 대한 해석적 연구」. 한국언론학회 학술발표회 (가을 1998): 246~254.

정준영. 「정체성 논의에 대한 Norbert Elias의 문명화과정론의 사회학적 함의」. 석사학위논문, 서울대학교, 1998.

정태환·한상근·정일준·김윤태·송영민. 『현대 사회학이론』. 서울: 나남출판, 2001.

차영일. 「서포터즈 무브먼트의 재개를 기다리며」. 서포터칼럼(www.reddevil.or.kr). 2004.

최성훈. 「'진지한 여가(Serious Leisure)'와 '일상적 여가(Casual Leisure)'에 대한 고찰」. 한국체육학회지 42.6 (2003): 489~496.

한태룡. 「테니스 동호인의 하위문화적 정체성에 대한 연구」. 박사학위논문, 서울대학교, 2003.

## 외국 문헌

Anderson, B. *Imagined Communities: Reflections on the Origin and Spread of Nationalism.* London: Verso, 1983.

Arai, S. M. & Pedlar, A. M. "Building Communities Through Leisure: Citizen Participation in a Healthy Communities Initiative." *Journal of Leisure Research* 29.2 (1997): 167~182.

Aronowits, S. "Reflection on Identity. In R. John(Eds.)." *The Identity in Question.* NY: Routledge, 1995.

Ashforth, B. E. & Mael, F. "Social Identity Theory and the Organization." *Academy of Management Review* 14.1 (1989): 20~30.

Aveni, A. "The Not so Lonely Crowd: Friendship Groups in Collective Behaviour." *Sociomentry* 40.1 (1977): 96~99.

Baldwin, C. K. & Norris, P. A. "Exploring the Dimensions of Serious Leisure: 'Love Me–Love My Dog!'". *Journal of Leisure Research* 31.1 (1999): 1~17.

Billig, M. *Social Psychology and Intergroup Relations.* NY: Academic Press, 1976.

Blumer, H. *Symbolic Interactionism: Perspective and Method.* NJ: Prentice-Hall, 1969.

Bourdieu, P. *Outline of a Theory of Practice.* Cambridge: Cambridge University Press, 1977.

──────. *The Logic of Practice.* London: Polity Press, 1990.

Bryan, H. "Leisure Value Systems and Recreational Specialization: The Case of Trout Fisherman." *Journal of Leisure Research* 9 (1977): 174~187.

Cooley, C. H. *Social Organization: A Study of the Large Mind*. NY: Scribner's, 1916.

Creswell, J. W. *Qualitative Inquiry and Research Design: Choosing among Five Approaches*. 1998. 조흥식·정선욱·김진숙·권지성 (역). 『질적연구방법론: 다섯 가지 전통』. 서울: 학지사, 2005.

Erikson, E. H. *Insight and Responsibility*. NY: W.W.Norton, 1964.

──────. *Identity: Youth and Crisis*. NY: W.W.Norton, 1968.

Festinger, L. "A Theory of Social Comparison Processes." *Human Relations* 7 (1954): 117~140.

Gibson, H., Willming, C., & Holdnak, A. "'We're Gators... Not Just Gator Fans': Serious Leisure and University of Florida Football." *Journal of Leisure Research* 34.4 (2002): 397~425.

Godbey, G. *Leisure in Your Life: An Exploration*. PA: Venture Publish Inc., 1994.

Goff, S. J., Fick, D. S., & Oppliger, R. A. "The Moderating Effect of Spouse Support on the Relation Between Serious Leisure and Spouses' Perceived Leisure-Family Conflict." *Journal of Leisure Research* 29.1 (1997): 47~60.

Haggard, L. M. & Williams, D. R. "Identity Affirmation through Leisure Activities: Leisure Symbols of the Self." *Journal of Leisure Research* 24.1 (1992): 1~18.

Harris, C., & Alexander, A. *Theorizing Fandom: Fans, Subculture and Identity*. USA: Hampton Press, 1998.

Hewitt, J. P. *Self and Society: A Symbolic Interactionist Social Psychology*. 2000. 윤인진 외 (역). 『자아와 사회: 상징적 상호작용주의 사회심리학』. 서울: 학지사, 2001.

Hogg, M. A. "Social Identity and Group Cohesiveness." In J. C. Turner, M. A. Hogg, P. J. Oakes, S. D. Reicher, & M. S. Wetherell(Eds.). *Rediscovering the Social Group: A Self-categorization Theory* (pp. 89~116). Oxford, England, & NY: Blackwell, 1987.

──────. *The social psychology of Group Cohesiveness: From Attraction to Social Identity*. London: Harvester, Wheatsheaf, 1992.

──────. "Social Identity, Self-categorization, and the Small Group." In J. Davis & E. Witte(Eds.). *Understanding Group Behavior, vol.2: Small Group Process and Interpersonal Relations* (pp. 227~254). NJ: Lawrence Erlbaum, 1996.

James, W. *The Principles of Psychology*. NY: Henry Holt, 1980.

Jones, I. A. "Model of Serious Leisure Identification: The Case of Football Fandom." *Leisure Studies* 19 (2000): 283~298.

Judge, T. A., Erez, A., & Bono, J. E. "The Power of Being Positive: The Relation Between Positive Self-concept and Job Performance." *Human Performance* 11 (1998): 167~187.

Kelly, J. R. *Leisure Identities and Interactions*. London: George Allen & Unwin, 1983.

──────. *Leisure*. MA: Allyn & Bacon, 1996.

King, A. "Football fandom and post-national identity in the New Europe." *British Journal of Sociology* 51.3 (2000): 419~442.

Kuentzel, W. F. "Self-identity, Modernity, and the Rational Actor in Leisure Research." *Journal of Leisure Research* 32.1 (2000): 87~92.

Laverie, D. A. & Arnett, D. B. "Factors Affecting Fan Attendance: The Influence of Identity Salience and Satisfaction." *Journal of Leisure Research* 32.2 (2000): 225~246.

Laverie, D. A. *The Influences of Identity Related Consumption, Apprisals, and Emotions on Identity Salience: A Multi-method Approach.* Doctorial Dissertation, Arizona State University, 1995.

Marsh, P., Fox, K., Carnibella, G., McCann, J. and Marsh, J. *Football Violence in Europe.* The Amsterdam Group, 1996.

Marshall, C., & Rossman, G. B. *Designing Qualitative Research.* Newbury Park, CA: Sage, 1989.

McLean, D. D., Hurd, A. R., & Rogers, N. B. *Kraus' Recreation and Leisure in Modern Society.* Mass.: Jones and Bartlett Publishers, 2005.

Mead, G. H. *Mind, Self, and Society.* Chicago: University of Chicago Press, 1934.

Nash, J. B. *Philosophy of Recreation and Leisure.* Iowa: William C. Brown Company, 1953.

Ogden, D. C. & Hilt, M. L. "Collective Identity and Basketball: An explanation for the Decreasing Number of African-Americans on America's Baseball Diamonds." *Journal of Leisure Research* 35.2 (2003) 213~227.

Podaliri, C. & Balestri, C. "The Ultras, Racism and Football Culture in Italy." In A. Brown(Eds.). *FANTICS!: Power, Identity and Fandom in Football*(pp. 88~100). London & NY: Routledge, 1998.

Redhead, S. *Post-Fandom and the Millennial Blues: The Transformation of Soccer Culture.* London: Routledge, 1997.

Robson, G. *The Myth and Reality of Millwall Fandom*. UK: Berg, 2000.

Rogers, C. *On Becoming a Person*. Boston: Houghton Mifflin, 1951.

Schlenker, B. R. "Identities, Identification, and Relationships." In V. Derlaga(Eds.). *Communication, Intimacy and Close Relationships*(pp. 71~104). NY: Academic Press, 1984.

Shamir, B. "Commitment and Leisure." *Sociological Perspectives* 31.2 (1988): 238~258.

──────. "Some Correlates of Leisure Identity Salience: Three Exploratory Studies." *Journal of Leisure Research* 24.4 (1992): 301~323.

Shaw, S. M., Kleiber, D. A., & Caldwell, L. L. "Leisure and Identity Formation in Male and Female Adolescents: A Preliminary Examination." *Journal of Leisure Research* 27.3 (1995): 245~263.

Spradley, J. P. *Participant Observation*. 1980. 이희봉 (역).『문화탐구를 위한 참여관찰방법』. 서울: 대한교과서주식회사, 1988.

Stake, R. *The Art of Case Study Research*. CA: Sage, 1995.

Stebbins, R. A. "Serious Leisure: A Conceptual Statement." *Pacific Sociological Review* 25 (1982): 251~272.

──────. *Amateurs, Professionals and Serious Leisure*. Montreal: McGill Queen's University, 1992.

──────. "Serious Leisure." In E. L. Jackson & T. L. Burton(Eds.). *Leisure Studies: Prospects for the Twenty-first Century*(pp. 69~79). PA: Venture Publishing, Inc., 1999.

──────. *New Directions in Theory and Research of Serious Leisure*. NY: Edwin Mellen Press, 2001.

Strauss, A. & Corbin, J. *Basics of Qualitative Research: Grounded Theory Procedures and Techni*. 1996. 신경림 (역). 『근거이론의 단계』. 서울: 현문사, 2001.

Stryker, S. & Burke, P. J. "The Past, Present, and Future of an Identity Theory." *Social Psychology Quarterly* 63.4 (2000): 284~297.

Stryker, S. "Identity Salience and Role Performance: The Relevance of Symbolic Interaction Theory for Family Research." *Journal of Marriage and the Family* 30 (1968): 558~564.

―――. *Symbolic Interactionism: A Socio-structural Version*. CA: Benjamin/Cummings, 1980.

―――. "Identity Theory: Developments and Extensions." In K. Yardley & T. Honess(Eds.). *Self and Identity: Psychological Perspectives*. NY: Wiley, 1987.

Swann, W. "Identity Negotiation: Where Two Roads Meet." *Journal of Personality and Social Psychology* 53 (1987): 1038~1051.

Tajfel, H. & Turner, J. C. "The Social Identity Theory of Intergroup Behavior." *Psychology of Intergroup Relations* 10 (1984): 10.

Tajfel, H. "Experiments in Intergroup Discrimination." *Scientific American* 223 (1970): 96~102.

―――. *Intergroup Behaviour, Social Comparison and Social Change*. Unpublished Katz-Newcomb lectures, University of Michigan at Ann Arbor, 1974.

―――. *Differentiation Between Social Groups*. London: Academic Press, 1978.

―――. *Social Identity and Intergroup Relations*. UK: Cambridge University Press, 1982.

Turner, J. C. "The Experimental Social Psychology of Intergroup Behavior." In J. C. Turner & H. Giles(Eds.). *Intergroup Behavior*(pp. 66~101). Oxford: Blackwell, 1981.

―――. "Towards a Cognitive Redefinition of the Social Group." In H. Tajfel(Eds.). *Social Identity and Intergroup Relations*(pp. 15~40). London: Academic Press, 1982.

―――. "Social identification and Psychological Group Formation." In H. Tajfel(Eds.). *The Social Dimension: European Development in Social Psychology, Vol. 2*(pp. 518~538). UK: Cambridge University Press, 1984.

Williams, D. R. "Leisure Identities, Globalization, and the Politics of Place." *Journal of Leisure Research* 34.4 (2002): 351~367.

Yoder, D. G. "A Model for Commodity Intensive Serious Leisure." *Journal of Leisure Research* 29.4 (1997): 407~429.

**서포터의 탄생:
1990~2005**

초판 1쇄 발행. 2020년 3월 10일

지은이. 이연주
발행 및 편집. 마이너리티 프레스
교정 및 교열. 백승희
인쇄 및 제책. 제이케이 디엔피

마이너리티 프레스
출판 등록. 2017년 10월 13일
(제2017-000263호)
04194 서울시 마포구
백범로 205, 101동 1708호
전화. 02-2612-8644
팩스. 02-6455-8655
이메일. mnrt.info@minoritypress.kr
홈페이지. www.minoritypress.kr

ISBN 979-11-962201-2-9 03690
값 12,000원

이 도서의 국립중앙도서관 출판예정도서목록(CIP)은
서지정보유통지원시스템 홈페이지(seoji.nl.go.kr)와
국가자료종합목록 구축시스템(kolis-net.nl.go.kr)에서
이용하실 수 있습니다. CIP제어번호: CIP2020006903